Dr. Jutta Sültz & Renate Sültz & Uwe H. Sültz

AF285115

# Logbuch für Tonbandstimmen –

# ITK Interdimensionale Kommunikation - Transkommunikation

BoD - Books on Demand

Norderstedt 2018

**Bibliografische Information durch die Deutsche Nationalbibliothek**

**Die Deutsche Nationalbibliothek verzeichnet diese Publikation in der Deutschen Nationalbibliografie; detaillierte bibliografische Daten sind im Internet über http://dnb.dnb.de abrufbar.**

© 2018 Dr. Jutta Sültz & Renate Sültz & Uwe H. Sültz

Herstellung und Verlag:

BoD – Books on Demand, Norderstedt

ISBN 9-78375-2-89255-0

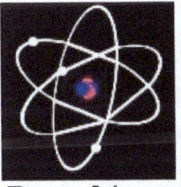

## Das Atom

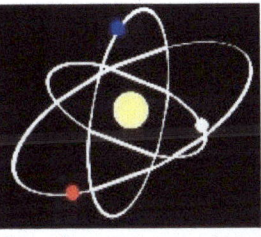

## Das Sonnensystem

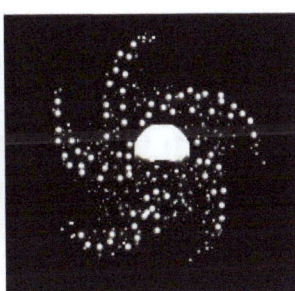

## Die Galaxien

# Physikalische Systeme

Objekte, die ein Ganzes sind
und sich in der Raumzeit
in einer Umgebung abgrenzen,
sind Physikalische Systeme.
Bislang fehlt der Beweis beim
Universum. Überlegung:
Viele Universen könnten in
einem Raum sein, den man
Omnium (das Ganze) nennen
könnte. Dann hat unser
Universum eine Umgebung.
Autorenteam Sültz auf Sylt

# Vom Atom bis zum Omnium
*Eine Überlegung vom Autorenteam Sültz auf Sylt*

## Das Omnium

## Das Universum

## Vorwort von Uwe H. Sültz

Im Jahr 1977 verkaufte ich ungewöhnlich viele Compact Cassetten Recorder. Es waren günstige Produkte mit eingebauten Mikrofonen und Lautsprechern. Auch nach VU-Metern wurde gefragt. Ich war Radio- und Fernsehtechniker, jeder Umbau war kein Problem. Aber es interessierte mich schon, was mit den Geräten passierte.

Ich wurde eingeladen, an Tonbandstimmenaufnahmen einer Gruppe in Dortmund teilzunehmen. Die Recorder wurden auf Aufnahme gestellt, es wurden Fragen gestellt, eine absolute Stille trat ein, die Cassette wurde zurückgespult und analysiert. Wenn ich nichts gehört hätte, so hätte ich 1977 mit dem Thema abgeschlossen.

1978 gründete ich 3 private Gruppen. In der UFO-Gruppe ging es um das Universum und Außerirdisches-Leben. In der Gruppe „Stimmen im Radio" suchten wir in allen Frequenzbereichen und Bändern/Wellen nach Wesenheiten, die verstorben waren. (In dieses Protokoll lassen sich Frequenzen und Bänder/Wellen eintragen, wer im Radio suchen möchte. Aufnahmen werden über Mikrofon oder Chinch/DIN gemacht.). In der dritten Gruppe ging es um Tonbandstimmen. Auch wenn Tonbandstimmen auf dem einfachsten Cassetten Recorder aufzunehmen waren und sind, wollte ich die möglichen Fehlerquellen minimieren. Ein einfacher Recorder besitzt ein eingebautes Mikrofon und einen eingebauten Lautsprecher. Er pegelt das Signal vom Mikrofon automatisch ein. D.h., dass bei absoluter Stille der Recorder meint, da muss doch noch etwas kommen. Der Recorder pegelt hoch und nimmt jedes feine Geräusch auf. Bei der Analyse wertet man nun natürliche Geräusche (Stuhlknarren, zufallende Tür, vorbeifahrendes Auto... ) und

Stimmen aus. In der Tat konnte ich mit meinem hochwertigen NAKAMICHI-Recorder und teuren Mikrofonen NICHTS ausrichten. Der Recorder wurde eingepegelt und begrenzte so das Aufnahmespektrum, so wie ich es voreingestellt hatte. Jedoch waren bei einigen Recordern die eigenen Motorgeräusche zu hören. TIPP: Manuell einzustellende Recorder eignen sich besonders gut für Aufnahmen mit Hintergrundgeräuschen. Automatik-Recorder eignen sich gut für Aufnahmen mit absoluter Stille. Bei allen Methoden empfehle ich dringend ein externes Mikrofon zu benutzen und dieses, sowie den Recorder, auf Schaumstoffunterlagen zu stellen. So werden Eigengeräusche minimiert.

Heute lassen sich viele Cassetten Recorder immer noch im Internet erwerben, mit eingebautem Kondensatormikrofon, automatischer Pegeleinstellung und externem Mikrofonanschluss. Sogar in NEU! Außerdem mit Kopfhöreranschluss, dazu später mehr. Zum Aufnahmemedium generell: Heute lassen sich Tonbandstimmen auf dem Computer, auf dem Diktiergerät (analog oder digital), auf Speicherkarten und immer noch auf Compact Cassetten aufnehmen. TIPP: Die analoge Aufnahme auf Bändern liefert den Zustand so wie er gerade war und ist. Verluste gibt es bei MP3 durch Kompression. Daher muss bei der digitalen Aufnahme die höchste Qualitätsstufe gewählt werden.

Noch etwas zu den Hintergrundgeräuschen: Oft verwendet man ein leises Hintergrundgeräusch, das man nebenher mitlaufen lässt. Dieses dient als akustisches Rohmaterial, aus dem sich die Stimmen durch paranormale Umformungen bilden sollen. Man kann einen fremdsprachigen Radiosender oder ein Gemisch aus mehreren leisen Sendern einstellen (Radiomethode), eine vorgefertigte Tonkonserve abspielen lassen (Konservenmethode) oder auch das Plätschern eines Springbrunnens verwenden (Wassermethode). Manche verwenden dazu auch ein vom Computer künstlich erzeugtes, sprachähnliches Geräusch (Sprachsynthese-Methode). Die Wobbelmethode stellt eine Erweiterung der Radiomethode dar. Eine Kombination mehrerer Einspielmethoden zugleich ergibt sich durch die Verwendung des von Franz Seidl entwickelten Psychophons. TIPP: Im Radio auf LW, MW oder KW auf das Rauschen zwischen den Sendern einstellen. Die Lautstärke des Radios darf nicht zu laut eingestellt werden. Die eigene Stimme muss sich deutlich abheben.

Wie begann alles? Der schwedische Opernsänger Friedrich Jürgenson nahm 1959 mit einem Tonbandgerät Vogelgezwitscher auf. Beim Abhören des Bandes hörte er jedoch unbekannte Stimmen auf dem Band. Diese Stimmen sprachen ihn mit seinem Namen an. Immer wieder nahm Jürgenson diese Stimmen auf. Er war sich sicher, dass es eine Kontaktaufnahme zu Verstorbenen sein musste. Er ließ seine Einspielungen von Wissenschaftlern und Fachleuten des schwedischen Rundfunks analysieren, aber diese fanden aber keine Hinweise auf eine Manipulation der Aufnahmen.

Die Verstorbenen scheinen nach dem Tod in einer für uns unsichtbaren anderen Dimension zu sein, mit der wir aber trotzdem Kontakt aufnehmen können. Der Begriff TONBANDSTIMMEN kommt aus einer Zeit, in der es noch keine PCs, IPADs, IPODs, MP3, usw. gab, sondern Compact Cassetten Recorder und Tonbandmaschinen. Es handelt sich hierbei um menschlich klingende Worte und Sätze, die aufgenommen werden. Die Worte und Sätze sind manchmal hastig bis schnell, sehr langsam bis zeitlupenartig, aber sehr wohl auch in gewohnter Geschwindigkeit anzuhören. Aufnahmegeräte mit Geschwindigkeitseinstellung sind hierbei von Vorteil. Tonbandstimmen sind also Aufnahmen von Wesenheiten, die Menschen waren und verstorben sind. Aber auch manchmal von Wesenheiten, die niemals Mensch waren. Intelligentes

Sein ist eben nicht gebunden an einen materiellen, physischen Körper.

Noch einmal eine zusammengefasste Anleitung der technischen Geräte: Benötigte Geräte: 1x Aufnahmemedium, z.B. Cassetten Recorder, Diktiergerät (digital oder analog), Computer mit Programm (z.B. AUDACITY), usw.. 1x Mikrofon (wir verwenden nicht das eingebaute Mikrofon, ist aber möglich), 2x Schaumstoffunterlagen für das Mikrofon und den Recorder. Sowie ein Radio, welches auf Raschen eingestellt wird.

Ablauf der Anfrage: Tragen Sie nun die Frage, die Zeit, das Datum, den Ort, den Zählwerkstand, den Ordner oder die Datei und die Aufnahmeart, sowie die verwendeten Geräte in dieses Protokollbuch ein. Starten Sie nun die Aufnahme (mit oder ohne Hintergrundgeräusch). Sprechen Sie langsam und deutlich in den Raum (das Mikrofon liegt so weit wie möglich vom Recorder auf dem Tisch): „Es ist 20 Uhr, heute ist der 3. Mai 2019. Mit mir sind noch der Bernd und die Angelika im Raum anwesend. Die Aufnahme ist gestartet. Liebe Freunde im Jenseits oder in einer anderen Dimension, wir begrüßen euch. Wir freuen uns über einen Kontakt mit euch. Seid ihr da? ... Pause... Lieber Paul, kannst du mich hören? Kannst du Kontakt zu uns aufnehmen? ... Pause... Wir warten auf euch." Nach der letzten Pause (etwa 10 bis 30 Sekunden) wird die Aufnahme gestoppt. Ganz gleich, ob Erfolg oder nicht, verabschieden wir uns mit den Worten: „ Wir bedanken uns für den Kontakt und schließen nun. Bis zum nächsten Mal. Wir lieben euch."

Nun kommt die Auswertung: Rücklauf bis zum Startpunkt. Wichtig ist ja der Bereich zwischen den Fragen. Ich empfehle Kopfhörer zu benutzen. Besteht die Runde aus mehreren Personen, sollte der Recorder an einen Verstärker mit guten Lautsprechern angeschlossen werden. Der

Übertragungsbereich des eingebauten Lautsprechers ist nicht gut genug. Für Sprache reicht zwar der Übertragungsbereich, aber es gibt auch Geräusche darüber hinaus. Der Übertragungsbereich des eingebauten Lautsprechers umfasst 100 bis 5000 Hz. Der Bereich der HiFi-Anlage umfasst 20 bis 20000 Hz. Wir Menschen hören mit zunehmendem Alter immer weniger, aber immer noch bis 15000 Hz. Ein Hund zwischen 15 und 50000 Hz. Deshalb sind Hunde auch empfänglich für außergewöhnliche Geräusche. Der Kopfhörer hat den Vorteil, dass störende Geräusche beim Abhören nicht an unser Ohr gelangen. Hören Sie sich nun jedes Geräusch kritisch an. War es das Knarren der Tür? Fuhr ein Auto vorbei? Oder war es ein gesprochenes Wort oder ein Satz? Versuchen Sie dann Worte aus Ihrem Sprachgebrauch damit zu vergleichen. Hören Sie sich die Aufnahme immer wieder an und notieren Sie es in dieses Protokollbuch. Viele Stimmen sind leise und/oder schnell gesprochen. Sie weisen einen ungewohnten Rhythmus oder Klang auf. Es erfordert schon eine gewisse Zeit der Gewöhnung, um die Störungen zu überhören und die eigentliche Stimme und Botschaft zu verstehen. Bei regelmäßiger Praxis verbessern sich jedoch die Fähigkeiten des Verstehens der Stimmen. Wichtig ist, dass Sie Geduld haben! Es kommt nicht nur auf die Technik an, es ist der Glaube, die Liebe und die Bereitschaft beider Seiten, hier und im Jenseits.

Zu den Autoren: Renate Sültz hat ihre Zeichen erhalten. Sie wusste immer, dass sich ihr Leben einmal radikal ändern würde. Dr. Jutta Sültz hatte große Probleme. Die Botschaften und ein unabhängiger Besuch bei einem Medium sagten fast auf die Woche genau voraus, wann die Probleme gelöst würden. So war es auch! Ich, Uwe Sültz, hatte mit 25 Jahren, 1985, ein Nahtoderlebnis. 2017 bin ich ins Koma gefallen. Meine Antworten habe ich erhalten. Nun glauben wir zu wissen, wohin es einmal geht und wer uns dort empfängt.

Paranormale Phänomene

Neu

mit weiteren Geschichten

8 unglaubliche Ereignisse +
10 Seiten für eigene Erlebnisse

Sültz Bücher

Paranormale Phänomene

Neu
2

mit weiteren Geschichten

Unglaubliche Ereignisse +
10 Seiten für eigene Erlebnisse

200+

Sültz Bücher

# UFO Logbuch

## Meine UFO-Sichtungen

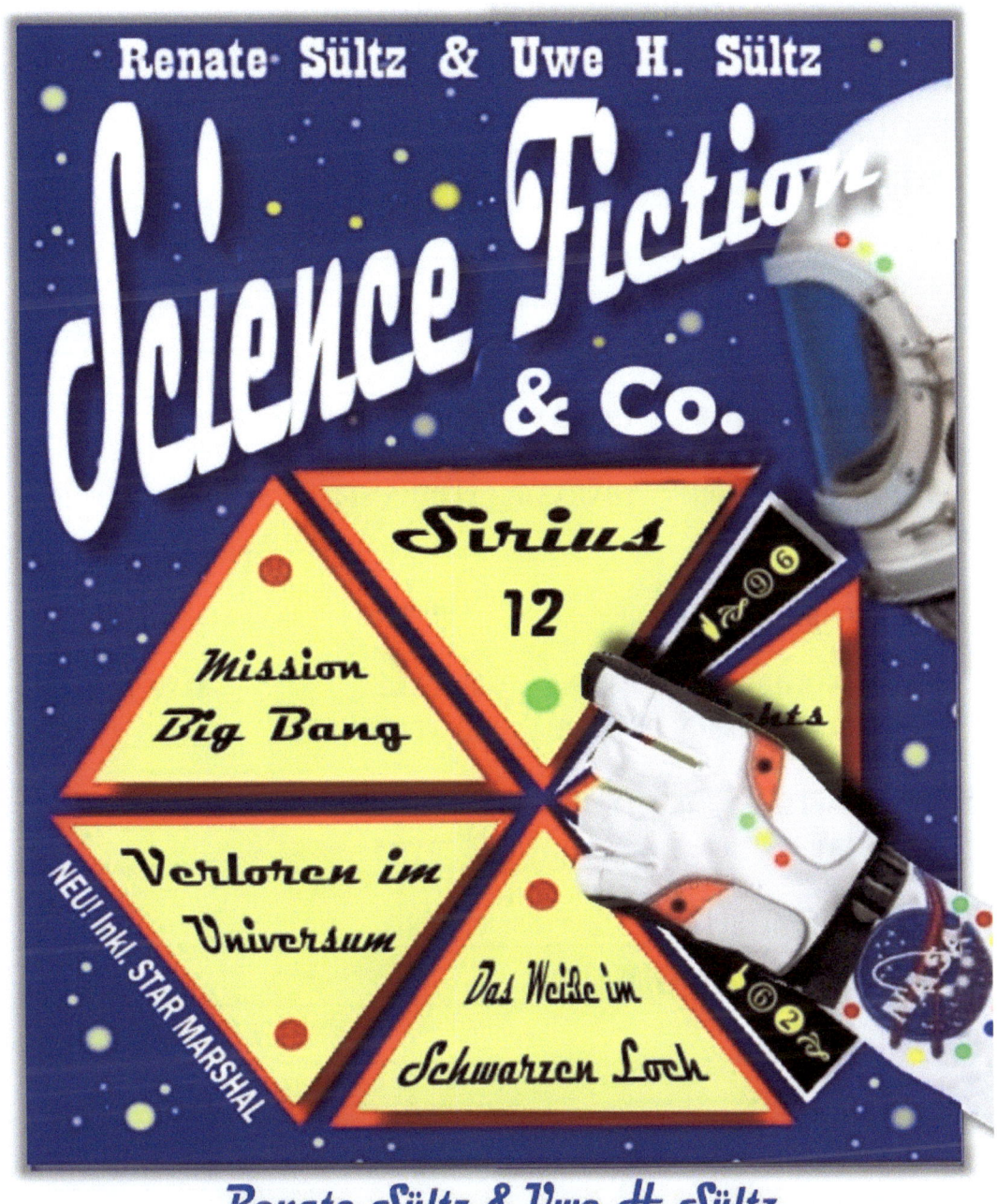

Renate Sültz & Uwe H. Sültz

# TONBANDSTIMMEN PROTOKOLL   NR. __

DATUM _____

UHRZEIT _____

AUFNAHMEORT _____

MEIN NAME _____

ANWESENDE _____

_____

AUFNAHMEGERÄT _____

CASSETTEN RECORDER __ TONBAND __ DIKTIERGERÄT DIGITAL __

DIKTIERGERÄT ANALOG __ COMPUTER __

AUF CASSETTE ANALOG __ TONBAND __ COMPUTER __ SPEICHERKARTE __

MP3 __ WAF __ _____

EXTERNES MIKROFON __
SCHAUMSTOFFUNTERLAGE __          ZÄHLWERK _____

GRUNDGERÄUSCH AUS DEM RADIO __ FREQUENZ _____ BAND _____

BRUNNEN __ GERÄUSCHKONSERVE __ KEINE GERÄUSCHE __ _____

ARCHIV CASSETTEN __ ARCHIV COMPUTER __

CASSETTEN NR. _____ DATEI _____

WER HAT SICH GEMELDET? _____

INFORMATIONEN, WIE DIMENSION/EBENE _____

GESTELLTE FRAGE _____

_____

_____

ERHALTENE ANTWORT _____

_____

_____

# TONBANDSTIMMEN PROTOKOLL   NR. __

DATUM _____

UHRZEIT _____

AUFNAHMEORT _____

MEIN NAME _____

ANWESENDE _____

_____

AUFNAHMEGERÄT _____

CASSETTEN RECORDER ___ TONBAND ___ DIKTIERGERÄT DIGITAL ___

DIKTIERGERÄT ANALOG ___ COMPUTER ___

AUF CASSETTE ANALOG ___ TONBAND ___ COMPUTER ___ SPEICHERKARTE ___

MP3 ___ WAF ___ _____

    EXTERNES MIKROFON ___

    SCHAUMSTOFFUNTERLAGE ___    ZÄHLWERK _____

    GRUNDGERÄUSCH AUS DEM RADIO ___ FREQUENZ _____ BAND _____

    BRUNNEN ___ GERÄUSCHKONSERVE ___ KEINE GERÄUSCHE ___ _____

ARCHIV CASSETTEN ___ ARCHIV COMPUTER ___

CASSETTEN NR. _____ DATEI _____

WER HAT SICH GEMELDET? _____

INFORMATIONEN, WIE DIMENSION/EBENE _____

GESTELLTE FRAGE _____

_____

_____

ERHALTENE ANTWORT _____

_____

_____

# TONBANDSTIMMEN PROTOKOLL   NR. __

DATUM _____

UHRZEIT _____

AUFNAHMEORT _____

MEIN NAME _____

ANWESENDE _____

_____

AUFNAHMEGERÄT _____

CASSETTEN RECORDER ___ TONBAND ___ DIKTIERGERÄT DIGITAL ___

DIKTIERGERÄT ANALOG ___ COMPUTER ___

AUF CASSETTE ANALOG ___ TONBAND ___ COMPUTER ___ SPEICHERKARTE ___

MP3 ___ WAF ___ _____

    EXTERNES MIKROFON ___

    SCHAUMSTOFFUNTERLAGE ___    ZÄHLWERK _____

    GRUNDGERÄUSCH AUS DEM RADIO ___ FREQUENZ _____ BAND _____

    BRUNNEN ___ GERÄUSCHKONSERVE ___ KEINE GERÄUSCHE ___ _____

ARCHIV CASSETTEN ___ ARCHIV COMPUTER ___

CASSETTEN NR. _____ DATEI _____

WER HAT SICH GEMELDET? _____

INFORMATIONEN, WIE DIMENSION/EBENE _____

GESTELLTE FRAGE _____

_____

_____

ERHALTENE ANTWORT _____

_____

_____

# TONBANDSTIMMEN PROTOKOLL   NR. ___

DATUM _____

UHRZEIT _____

AUFNAHMEORT _____

MEIN NAME _____

ANWESENDE _____

_____

AUFNAHMEGERÄT _____

CASSETTEN RECORDER ___ TONBAND ___ DIKTIERGERÄT DIGITAL ___

DIKTIERGERÄT ANALOG ___ COMPUTER ___

AUF CASSETTE ANALOG ___ TONBAND ___ COMPUTER ___ SPEICHERKARTE ___

MP3 ___ WAF ___ _____

    EXTERNES MIKROFON ___

    SCHAUMSTOFFUNTERLAGE ___    ZÄHLWERK _____

    GRUNDGERÄUSCH AUS DEM RADIO ___ FREQUENZ _____ BAND _____

    BRUNNEN ___ GERÄUSCHKONSERVE ___ KEINE GERÄUSCHE ___ _____

ARCHIV CASSETTEN ___ ARCHIV COMPUTER ___

CASSETTEN NR. _____ DATEI _____

WER HAT SICH GEMELDET? _____

INFORMATIONEN, WIE DIMENSION/EBENE _____

GESTELLTE FRAGE _____

_____

_____

ERHALTENE ANTWORT _____

_____

_____

# TONBANDSTIMMEN PROTOKOLL   NR. __

DATUM _____

UHRZEIT _____

AUFNAHMEORT _____

MEIN NAME _____

ANWESENDE _____

_____

AUFNAHMEGERÄT _____

CASSETTEN RECORDER ___ TONBAND ___ DIKTIERGERÄT DIGITAL ___

DIKTIERGERÄT ANALOG ___ COMPUTER ___

AUF CASSETTE ANALOG ___ TONBAND ___ COMPUTER ___ SPEICHERKARTE ___

MP3 ___ WAF ___ _____

EXTERNES MIKROFON ___
SCHAUMSTOFFUNTERLAGE ___          ZÄHLWERK _____

GRUNDGERÄUSCH AUS DEM RADIO ___ FREQUENZ _____ BAND _____

BRUNNEN ___ GERÄUSCHKONSERVE ___ KEINE GERÄUSCHE ___ _____

ARCHIV CASSETTEN ___ ARCHIV COMPUTER ___

CASSETTEN NR. _____ DATEI _____

WER HAT SICH GEMELDET? _____

INFORMATIONEN, WIE DIMENSION/EBENE _____

GESTELLTE FRAGE _____

_____

_____

ERHALTENE ANTWORT _____

_____

_____

# TONBANDSTIMMEN PROTOKOLL   NR. ___

DATUM _____

UHRZEIT _____

AUFNAHMEORT _____

MEIN NAME _____

ANWESENDE _____

_____

AUFNAHMEGERÄT _____

CASSETTEN RECORDER ___ TONBAND ___ DIKTIERGERÄT DIGITAL ___

DIKTIERGERÄT ANALOG ___ COMPUTER ___

AUF CASSETTE ANALOG ___ TONBAND ___ COMPUTER ___ SPEICHERKARTE ___

MP3 ___ WAF ___ _____

EXTERNES MIKROFON ___
SCHAUMSTOFFUNTERLAGE ___          ZÄHLWERK _____

GRUNDGERÄUSCH AUS DEM RADIO ___ FREQUENZ _____ BAND _____

BRUNNEN ___ GERÄUSCHKONSERVE ___ KEINE GERÄUSCHE ___ _____

ARCHIV CASSETTEN ___ ARCHIV COMPUTER ___

CASSETTEN NR. _____ DATEI _____

WER HAT SICH GEMELDET? _____

INFORMATIONEN, WIE DIMENSION/EBENE _____

GESTELLTE FRAGE _____

_____

_____

ERHALTENE ANTWORT _____

_____

_____

# TONBANDSTIMMEN PROTOKOLL   NR. __

DATUM _____

UHRZEIT _____

AUFNAHMEORT _____

MEIN NAME _____

ANWESENDE _____
_____

AUFNAHMEGERÄT _____

CASSETTEN RECORDER ___ TONBAND ___ DIKTIERGERÄT DIGITAL ___

DIKTIERGERÄT ANALOG ___ COMPUTER ___

AUF CASSETTE ANALOG ___ TONBAND ___ COMPUTER ___ SPEICHERKARTE ___

MP3 ___ WAF ___ _____

   EXTERNES MIKROFON ___

   SCHAUMSTOFFUNTERLAGE ___     ZÄHLWERK _____

   GRUNDGERÄUSCH AUS DEM RADIO ___ FREQUENZ _____ BAND _____

   BRUNNEN ___ GERÄUSCHKONSERVE ___ KEINE GERÄUSCHE ___ _____

ARCHIV CASSETTEN ___ ARCHIV COMPUTER ___

CASSETTEN NR. _____ DATEI _____

WER HAT SICH GEMELDET? _____

INFORMATIONEN, WIE DIMENSION/EBENE _____

GESTELLTE FRAGE _____
_____
_____

ERHALTENE ANTWORT _____
_____
_____

# TONBANDSTIMMEN PROTOKOLL NR. ___

DATUM _____

UHRZEIT _____

AUFNAHMEORT _____

MEIN NAME _____

ANWESENDE _____

_____

AUFNAHMEGERÄT _____

CASSETTEN RECORDER ___ TONBAND ___ DIKTIERGERÄT DIGITAL ___

DIKTIERGERÄT ANALOG ___ COMPUTER ___

AUF CASSETTE ANALOG ___ TONBAND ___ COMPUTER ___ SPEICHERKARTE ___

MP3 ___ WAF ___ _____

   EXTERNES MIKROFON ___

   SCHAUMSTOFFUNTERLAGE ___    ZÄHLWERK _____

   GRUNDGERÄUSCH AUS DEM RADIO ___ FREQUENZ _____ BAND _____

   BRUNNEN ___ GERÄUSCHKONSERVE ___ KEINE GERÄUSCHE ___ _____

ARCHIV CASSETTEN ___ ARCHIV COMPUTER ___

CASSETTEN NR. _____ DATEI _____

WER HAT SICH GEMELDET? _____

INFORMATIONEN, WIE DIMENSION/EBENE _____

GESTELLTE FRAGE _____

_____

_____

ERHALTENE ANTWORT _____

_____

_____

# TONBANDSTIMMEN PROTOKOLL   NR. ___

**DATUM** _____

**UHRZEIT** _____

**AUFNAHMEORT** _____

**MEIN NAME** _____

**ANWESENDE** _____

_____

**AUFNAHMEGERÄT** _____

**CASSETTEN RECORDER** ___ **TONBAND** ___ **DIKTIERGERÄT DIGITAL** ___

**DIKTIERGERÄT ANALOG** ___ **COMPUTER** ___

**AUF CASSETTE ANALOG** ___ **TONBAND** ___ **COMPUTER** ___ **SPEICHERKARTE** ___

**MP3** ___ **WAF** ___ _____

    **EXTERNES MIKROFON** ___

    **SCHAUMSTOFFUNTERLAGE** ___     **ZÄHLWERK** _____

    **GRUNDGERÄUSCH AUS DEM RADIO** ___ **FREQUENZ** _____ **BAND** _____

    **BRUNNEN** ___ **GERÄUSCHKONSERVE** ___ **KEINE GERÄUSCHE** ___ _____

**ARCHIV CASSETTEN** ___ **ARCHIV COMPUTER** ___

**CASSETTEN NR.** _____ **DATEI** _____

**WER HAT SICH GEMELDET?** _____

**INFORMATIONEN, WIE DIMENSION/EBENE** _____

**GESTELLTE FRAGE** _____

_____

_____

**ERHALTENE ANTWORT** _____

_____

_____

# TONBANDSTIMMEN PROTOKOLL   NR. ___

DATUM _____

UHRZEIT _____

AUFNAHMEORT _____

MEIN NAME _____

ANWESENDE _____

_____

AUFNAHMEGERÄT _____

CASSETTEN RECORDER ___ TONBAND ___ DIKTIERGERÄT DIGITAL ___

DIKTIERGERÄT ANALOG ___ COMPUTER ___

AUF CASSETTE ANALOG ___ TONBAND ___ COMPUTER ___ SPEICHERKARTE ___

MP3 ___ WAF ___ _____

    EXTERNES MIKROFON ___

    SCHAUMSTOFFUNTERLAGE ___    ZÄHLWERK _____

    GRUNDGERÄUSCH AUS DEM RADIO ___ FREQUENZ _____ BAND _____

    BRUNNEN ___ GERÄUSCHKONSERVE ___ KEINE GERÄUSCHE ___ _____

ARCHIV CASSETTEN ___ ARCHIV COMPUTER ___

CASSETTEN NR. _____ DATEI _____

WER HAT SICH GEMELDET? _____

INFORMATIONEN, WIE DIMENSION/EBENE _____

GESTELLTE FRAGE _____

_____

_____

ERHALTENE ANTWORT _____

_____

_____

# TONBANDSTIMMEN PROTOKOLL   NR. __

DATUM _____

UHRZEIT _____

AUFNAHMEORT _____

MEIN NAME _____

ANWESENDE _____

_____

AUFNAHMEGERÄT _____

CASSETTEN RECORDER ___ TONBAND ___ DIKTIERGERÄT DIGITAL ___

DIKTIERGERÄT ANALOG ___ COMPUTER ___

AUF CASSETTE ANALOG ___ TONBAND ___ COMPUTER ___ SPEICHERKARTE ___

MP3 ___ WAF ___ _____

    EXTERNES MIKROFON ___

    SCHAUMSTOFFUNTERLAGE ___    ZÄHLWERK _____

    GRUNDGERÄUSCH AUS DEM RADIO ___ FREQUENZ _____ BAND _____

    BRUNNEN ___ GERÄUSCHKONSERVE ___ KEINE GERÄUSCHE ___ _____

ARCHIV CASSETTEN ___ ARCHIV COMPUTER ___

CASSETTEN NR. _____ DATEI _____

WER HAT SICH GEMELDET? _____

INFORMATIONEN, WIE DIMENSION/EBENE _____

GESTELLTE FRAGE _____

_____

_____

ERHALTENE ANTWORT _____

_____

_____

# TONBANDSTIMMEN PROTOKOLL NR. ___

DATUM _____

UHRZEIT _____

AUFNAHMEORT _____

MEIN NAME _____

ANWESENDE _____

_____

AUFNAHMEGERÄT _____

CASSETTEN RECORDER ___ TONBAND ___ DIKTIERGERÄT DIGITAL ___

DIKTIERGERÄT ANALOG ___ COMPUTER ___

AUF CASSETTE ANALOG ___ TONBAND ___ COMPUTER ___ SPEICHERKARTE ___

MP3 ___ WAF ___ _____

    EXTERNES MIKROFON ___

    SCHAUMSTOFFUNTERLAGE ___     ZÄHLWERK _____

    GRUNDGERÄUSCH AUS DEM RADIO ___ FREQUENZ _____ BAND _____

    BRUNNEN ___ GERÄUSCHKONSERVE ___ KEINE GERÄUSCHE ___ _____

ARCHIV CASSETTEN ___ ARCHIV COMPUTER ___

CASSETTEN NR. _____ DATEI _____

WER HAT SICH GEMELDET? _____

INFORMATIONEN, WIE DIMENSION/EBENE _____

GESTELLTE FRAGE _____

_____

_____

ERHALTENE ANTWORT _____

_____

_____

# TONBANDSTIMMEN PROTOKOLL   NR. __

DATUM _____

UHRZEIT _____

AUFNAHMEORT _____

MEIN NAME _____

ANWESENDE _____

_____

AUFNAHMEGERÄT _____

CASSETTEN RECORDER ___ TONBAND ___ DIKTIERGERÄT DIGITAL ___

DIKTIERGERÄT ANALOG ___ COMPUTER ___

AUF CASSETTE ANALOG ___ TONBAND ___ COMPUTER ___ SPEICHERKARTE ___

MP3 ___ WAF ___ _____

    EXTERNES MIKROFON ___

    SCHAUMSTOFFUNTERLAGE ___    ZÄHLWERK _____

    GRUNDGERÄUSCH AUS DEM RADIO ___ FREQUENZ _____ BAND _____

    BRUNNEN ___ GERÄUSCHKONSERVE ___ KEINE GERÄUSCHE ___ _____

ARCHIV CASSETTEN ___ ARCHIV COMPUTER ___

CASSETTEN NR. _____ DATEI _____

WER HAT SICH GEMELDET? _____

INFORMATIONEN, WIE DIMENSION/EBENE _____

GESTELLTE FRAGE _____

_____

_____

ERHALTENE ANTWORT _____

_____

_____

# TONBANDSTIMMEN PROTOKOLL   NR. ___

DATUM _____

UHRZEIT _____

AUFNAHMEORT _____

MEIN NAME _____

ANWESENDE _____

_____

AUFNAHMEGERÄT _____

CASSETTEN RECORDER ___ TONBAND ___ DIKTIERGERÄT DIGITAL ___

DIKTIERGERÄT ANALOG ___ COMPUTER ___

AUF CASSETTE ANALOG ___ TONBAND ___ COMPUTER ___ SPEICHERKARTE ___

MP3 ___ WAF ___ _____

EXTERNES MIKROFON ___
SCHAUMSTOFFUNTERLAGE ___          ZÄHLWERK _____

GRUNDGERÄUSCH AUS DEM RADIO ___ FREQUENZ _____ BAND _____

BRUNNEN ___ GERÄUSCHKONSERVE ___ KEINE GERÄUSCHE ___ _____

ARCHIV CASSETTEN ___ ARCHIV COMPUTER ___

CASSETTEN NR. _____ DATEI _____

WER HAT SICH GEMELDET? _____

INFORMATIONEN, WIE DIMENSION/EBENE _____

GESTELLTE FRAGE _____

_____

_____

ERHALTENE ANTWORT _____

_____

_____

# TONBANDSTIMMEN PROTOKOLL   NR. __

DATUM _____

UHRZEIT _____

AUFNAHMEORT _____

MEIN NAME _____

ANWESENDE _____

_____

AUFNAHMEGERÄT _____

CASSETTEN RECORDER ___ TONBAND ___ DIKTIERGERÄT DIGITAL ___

DIKTIERGERÄT ANALOG ___ COMPUTER ___

AUF CASSETTE ANALOG ___ TONBAND ___ COMPUTER ___ SPEICHERKARTE ___

MP3 ___ WAF ___ _____

    EXTERNES MIKROFON ___

    SCHAUMSTOFFUNTERLAGE ___    ZÄHLWERK _____

    GRUNDGERÄUSCH AUS DEM RADIO ___ FREQUENZ _____ BAND _____

    BRUNNEN ___ GERÄUSCHKONSERVE ___ KEINE GERÄUSCHE ___ _____

ARCHIV CASSETTEN ___ ARCHIV COMPUTER ___

CASSETTEN NR. _____ DATEI _____

WER HAT SICH GEMELDET? _____

INFORMATIONEN, WIE DIMENSION/EBENE _____

GESTELLTE FRAGE _____

_____

_____

ERHALTENE ANTWORT _____

_____

_____

# TONBANDSTIMMEN PROTOKOLL  NR. ___

DATUM _____

UHRZEIT _____

AUFNAHMEORT _____

MEIN NAME _____

ANWESENDE _____

_____

AUFNAHMEGERÄT _____

CASSETTEN RECORDER ___ TONBAND ___ DIKTIERGERÄT DIGITAL ___

DIKTIERGERÄT ANALOG ___ COMPUTER ___

AUF CASSETTE ANALOG ___ TONBAND ___ COMPUTER ___ SPEICHERKARTE ___

MP3 ___ WAF ___ _____

    EXTERNES MIKROFON ___

    SCHAUMSTOFFUNTERLAGE ___    ZÄHLWERK _____

    GRUNDGERÄUSCH AUS DEM RADIO ___ FREQUENZ _____ BAND _____

    BRUNNEN ___ GERÄUSCHKONSERVE ___ KEINE GERÄUSCHE ___ _____

ARCHIV CASSETTEN ___ ARCHIV COMPUTER ___

CASSETTEN NR. _____ DATEI _____

WER HAT SICH GEMELDET? _____

INFORMATIONEN, WIE DIMENSION/EBENE _____

GESTELLTE FRAGE _____

_____

_____

ERHALTENE ANTWORT _____

_____

_____

# TONBANDSTIMMEN PROTOKOLL   NR. ___

DATUM _____

UHRZEIT _____

AUFNAHMEORT _____

MEIN NAME _____

ANWESENDE _____

_____

AUFNAHMEGERÄT _____

CASSETTEN RECORDER ___ TONBAND ___ DIKTIERGERÄT DIGITAL ___

DIKTIERGERÄT ANALOG ___ COMPUTER ___

AUF CASSETTE ANALOG ___ TONBAND ___ COMPUTER ___ SPEICHERKARTE ___

MP3 ___ WAF ___ _____

    EXTERNES MIKROFON ___

    SCHAUMSTOFFUNTERLAGE ___    ZÄHLWERK _____

    GRUNDGERÄUSCH AUS DEM RADIO ___ FREQUENZ _____ BAND _____

    BRUNNEN ___ GERÄUSCHKONSERVE ___ KEINE GERÄUSCHE ___ _____

ARCHIV CASSETTEN ___ ARCHIV COMPUTER ___

CASSETTEN NR. _____ DATEI _____

WER HAT SICH GEMELDET? _____

INFORMATIONEN, WIE DIMENSION/EBENE _____

GESTELLTE FRAGE _____

_____

_____

ERHALTENE ANTWORT _____

_____

_____

# TONBANDSTIMMEN PROTOKOLL   NR. __

DATUM _____

UHRZEIT _____

AUFNAHMEORT _____

MEIN NAME _____

ANWESENDE _____

_____

AUFNAHMEGERÄT _____

CASSETTEN RECORDER ___ TONBAND ___ DIKTIERGERÄT DIGITAL ___

DIKTIERGERÄT ANALOG ___ COMPUTER ___

AUF CASSETTE ANALOG ___ TONBAND ___ COMPUTER ___ SPEICHERKARTE ___

MP3 ___ WAF ___ _____

    EXTERNES MIKROFON ___

    SCHAUMSTOFFUNTERLAGE ___    ZÄHLWERK _____

    GRUNDGERÄUSCH AUS DEM RADIO ___ FREQUENZ _____ BAND _____

    BRUNNEN ___ GERÄUSCHKONSERVE ___ KEINE GERÄUSCHE ___ _____

ARCHIV CASSETTEN ___ ARCHIV COMPUTER ___

CASSETTEN NR. _____ DATEI _____

WER HAT SICH GEMELDET? _____

INFORMATIONEN, WIE DIMENSION/EBENE _____

GESTELLTE FRAGE _____

_____

_____

ERHALTENE ANTWORT _____

_____

_____

# TONBANDSTIMMEN PROTOKOLL   NR. __

DATUM _____

UHRZEIT _____

AUFNAHMEORT _____

MEIN NAME _____

ANWESENDE _____

_____

AUFNAHMEGERÄT _____

CASSETTEN RECORDER __ TONBAND __ DIKTIERGERÄT DIGITAL __

DIKTIERGERÄT ANALOG __ COMPUTER __

AUF CASSETTE ANALOG __ TONBAND __ COMPUTER __ SPEICHERKARTE __

MP3 __ WAF __ _____

    EXTERNES MIKROFON __

    SCHAUMSTOFFUNTERLAGE __    ZÄHLWERK _____

    GRUNDGERÄUSCH AUS DEM RADIO __ FREQUENZ _____ BAND _____

    BRUNNEN __ GERÄUSCHKONSERVE __ KEINE GERÄUSCHE __ _____

ARCHIV CASSETTEN __ ARCHIV COMPUTER __

CASSETTEN NR. _____ DATEI _____

WER HAT SICH GEMELDET? _____

INFORMATIONEN, WIE DIMENSION/EBENE _____

GESTELLTE FRAGE _____

_____

_____

ERHALTENE ANTWORT _____

_____

_____

# TONBANDSTIMMEN PROTOKOLL  NR. __

DATUM _____

UHRZEIT _____

AUFNAHMEORT _____

MEIN NAME _____

ANWESENDE _____

_____

AUFNAHMEGERÄT _____

CASSETTEN RECORDER __ TONBAND __ DIKTIERGERÄT DIGITAL __

DIKTIERGERÄT ANALOG __ COMPUTER __

AUF CASSETTE ANALOG __ TONBAND __ COMPUTER __ SPEICHERKARTE __

MP3 __ WAF __ _____

    EXTERNES MIKROFON __

    SCHAUMSTOFFUNTERLAGE __    ZÄHLWERK _____

    GRUNDGERÄUSCH AUS DEM RADIO __ FREQUENZ _____ BAND _____

    BRUNNEN __ GERÄUSCHKONSERVE __ KEINE GERÄUSCHE __ _____

ARCHIV CASSETTEN __ ARCHIV COMPUTER __

CASSETTEN NR. _____ DATEI _____

WER HAT SICH GEMELDET? _____

INFORMATIONEN, WIE DIMENSION/EBENE _____

GESTELLTE FRAGE _____

_____

_____

ERHALTENE ANTWORT _____

_____

_____

# TONBANDSTIMMEN PROTOKOLL   NR. ___

DATUM _____

UHRZEIT _____

AUFNAHMEORT _____

MEIN NAME _____

ANWESENDE _____

_____

AUFNAHMEGERÄT _____

CASSETTEN RECORDER ___ TONBAND ___ DIKTIERGERÄT DIGITAL ___

DIKTIERGERÄT ANALOG ___ COMPUTER ___

AUF CASSETTE ANALOG ___ TONBAND ___ COMPUTER ___ SPEICHERKARTE ___

MP3 ___ WAF ___ _____

    EXTERNES MIKROFON ___
    SCHAUMSTOFFUNTERLAGE ___    ZÄHLWERK _____

    GRUNDGERÄUSCH AUS DEM RADIO ___ FREQUENZ _____ BAND _____

    BRUNNEN ___ GERÄUSCHKONSERVE ___ KEINE GERÄUSCHE ___ _____

ARCHIV CASSETTEN ___ ARCHIV COMPUTER ___

CASSETTEN NR. _____ DATEI _____

WER HAT SICH GEMELDET? _____

INFORMATIONEN, WIE DIMENSION/EBENE _____

GESTELLTE FRAGE _____

_____

_____

ERHALTENE ANTWORT _____

_____

_____

# TONBANDSTIMMEN PROTOKOLL   NR. ___

DATUM _____

UHRZEIT _____

AUFNAHMEORT _____

MEIN NAME _____

ANWESENDE _____

_____

AUFNAHMEGERÄT _____

CASSETTEN RECORDER ___ TONBAND ___ DIKTIERGERÄT DIGITAL ___

DIKTIERGERÄT ANALOG ___ COMPUTER ___

AUF CASSETTE ANALOG ___ TONBAND ___ COMPUTER ___ SPEICHERKARTE ___

MP3 ___ WAF ___ _____

    EXTERNES MIKROFON ___

    SCHAUMSTOFFUNTERLAGE ___    ZÄHLWERK _____

    GRUNDGERÄUSCH AUS DEM RADIO ___ FREQUENZ _____ BAND _____

    BRUNNEN ___ GERÄUSCHKONSERVE ___ KEINE GERÄUSCHE ___ _____

ARCHIV CASSETTEN ___ ARCHIV COMPUTER ___

CASSETTEN NR. _____ DATEI _____

WER HAT SICH GEMELDET? _____

INFORMATIONEN, WIE DIMENSION/EBENE _____

GESTELLTE FRAGE _____

_____

_____

ERHALTENE ANTWORT _____

_____

_____

# TONBANDSTIMMEN PROTOKOLL   NR. __

DATUM _____

UHRZEIT _____

AUFNAHMEORT _____

MEIN NAME _____

ANWESENDE _____

_____

AUFNAHMEGERÄT _____

CASSETTEN RECORDER ___ TONBAND ___ DIKTIERGERÄT DIGITAL ___

DIKTIERGERÄT ANALOG ___ COMPUTER ___

AUF CASSETTE ANALOG ___ TONBAND ___ COMPUTER ___ SPEICHERKARTE ___

MP3 ___ WAF ___ _____

EXTERNES MIKROFON ___

SCHAUMSTOFFUNTERLAGE ___          ZÄHLWERK _____

GRUNDGERÄUSCH AUS DEM RADIO ___ FREQUENZ _____ BAND _____

BRUNNEN ___ GERÄUSCHKONSERVE ___ KEINE GERÄUSCHE ___ _____

ARCHIV CASSETTEN ___ ARCHIV COMPUTER ___

CASSETTEN NR. _____ DATEI _____

WER HAT SICH GEMELDET? _____

INFORMATIONEN, WIE DIMENSION/EBENE _____

GESTELLTE FRAGE _____

_____

_____

ERHALTENE ANTWORT _____

_____

_____

# TONBANDSTIMMEN PROTOKOLL   NR. __

DATUM _____

UHRZEIT _____

AUFNAHMEORT _____

MEIN NAME _____

ANWESENDE _____

_____

AUFNAHMEGERÄT _____

CASSETTEN RECORDER __ TONBAND __ DIKTIERGERÄT DIGITAL __

DIKTIERGERÄT ANALOG __ COMPUTER __

AUF CASSETTE ANALOG __ TONBAND __ COMPUTER __ SPEICHERKARTE __

MP3 __ WAF __ _____

    EXTERNES MIKROFON __

    SCHAUMSTOFFUNTERLAGE __    ZÄHLWERK _____

    GRUNDGERÄUSCH AUS DEM RADIO __ FREQUENZ _____ BAND _____

    BRUNNEN __ GERÄUSCHKONSERVE __ KEINE GERÄUSCHE __ _____

ARCHIV CASSETTEN __ ARCHIV COMPUTER __

CASSETTEN NR. _____ DATEI _____

WER HAT SICH GEMELDET? _____

INFORMATIONEN, WIE DIMENSION/EBENE _____

GESTELLTE FRAGE _____

_____

_____

ERHALTENE ANTWORT _____

_____

_____

# TONBANDSTIMMEN PROTOKOLL   NR. __

DATUM _____

UHRZEIT _____

AUFNAHMEORT _____

MEIN NAME _____

ANWESENDE _____
_____

AUFNAHMEGERÄT _____

CASSETTEN RECORDER ___ TONBAND ___ DIKTIERGERÄT DIGITAL ___

DIKTIERGERÄT ANALOG ___ COMPUTER ___

AUF CASSETTE ANALOG ___ TONBAND ___ COMPUTER ___ SPEICHERKARTE ___

MP3 ___ WAF ___ _____

    EXTERNES MIKROFON ___

    SCHAUMSTOFFUNTERLAGE ___    ZÄHLWERK _____

    GRUNDGERÄUSCH AUS DEM RADIO ___ FREQUENZ _____ BAND _____

    BRUNNEN ___ GERÄUSCHKONSERVE ___ KEINE GERÄUSCHE ___ _____

ARCHIV CASSETTEN ___ ARCHIV COMPUTER ___

CASSETTEN NR. _____ DATEI _____

WER HAT SICH GEMELDET? _____

INFORMATIONEN, WIE DIMENSION/EBENE _____

GESTELLTE FRAGE _____
_____
_____

ERHALTENE ANTWORT _____
_____
_____

# TONBANDSTIMMEN PROTOKOLL   NR. \_\_

**DATUM** _____

**UHRZEIT** _____

**AUFNAHMEORT** _____

**MEIN NAME** _____

**ANWESENDE** _____

_____

**AUFNAHMEGERÄT** _____

**CASSETTEN RECORDER** \_\_ **TONBAND** \_\_ **DIKTIERGERÄT DIGITAL** \_\_

**DIKTIERGERÄT ANALOG** \_\_ **COMPUTER** \_\_

**AUF CASSETTE ANALOG** \_\_ **TONBAND** \_\_ **COMPUTER** \_\_ **SPEICHERKARTE** \_\_

**MP3** \_\_ **WAF** \_\_ _____

**EXTERNES MIKROFON** \_\_

**SCHAUMSTOFFUNTERLAGE** \_\_          **ZÄHLWERK** _____

**GRUNDGERÄUSCH AUS DEM RADIO** \_\_ **FREQUENZ** _____ **BAND** _____

**BRUNNEN** \_\_ **GERÄUSCHKONSERVE** \_\_ **KEINE GERÄUSCHE** \_\_ _____

**ARCHIV CASSETTEN** \_\_ **ARCHIV COMPUTER** \_\_

**CASSETTEN NR.** _____ **DATEI** _____

**WER HAT SICH GEMELDET?** _____

**INFORMATIONEN, WIE DIMENSION/EBENE** _____

**GESTELLTE FRAGE** _____

_____

_____

**ERHALTENE ANTWORT** _____

_____

_____

# TONBANDSTIMMEN PROTOKOLL   NR. __

DATUM _____

UHRZEIT _____

AUFNAHMEORT _____

MEIN NAME _____

ANWESENDE _____

_____

AUFNAHMEGERÄT _____

CASSETTEN RECORDER ___ TONBAND ___ DIKTIERGERÄT DIGITAL ___

DIKTIERGERÄT ANALOG ___ COMPUTER ___

AUF CASSETTE ANALOG ___ TONBAND ___ COMPUTER ___ SPEICHERKARTE ___

MP3 ___ WAF ___ _____

    EXTERNES MIKROFON ___

    SCHAUMSTOFFUNTERLAGE ___    ZÄHLWERK _____

    GRUNDGERÄUSCH AUS DEM RADIO ___ FREQUENZ _____ BAND _____

    BRUNNEN ___ GERÄUSCHKONSERVE ___ KEINE GERÄUSCHE ___ _____

ARCHIV CASSETTEN ___ ARCHIV COMPUTER ___

CASSETTEN NR. _____ DATEI _____

WER HAT SICH GEMELDET? _____

INFORMATIONEN, WIE DIMENSION/EBENE _____

GESTELLTE FRAGE _____

_____

_____

ERHALTENE ANTWORT _____

_____

_____

# TONBANDSTIMMEN PROTOKOLL   NR. ___

DATUM _____

UHRZEIT _____

AUFNAHMEORT _____

MEIN NAME _____

ANWESENDE _____

_____

AUFNAHMEGERÄT _____

CASSETTEN RECORDER ___ TONBAND ___ DIKTIERGERÄT DIGITAL ___

DIKTIERGERÄT ANALOG ___ COMPUTER ___

AUF CASSETTE ANALOG ___ TONBAND ___ COMPUTER ___ SPEICHERKARTE ___

MP3 ___ WAF ___ _____

    EXTERNES MIKROFON ___

    SCHAUMSTOFFUNTERLAGE ___    ZÄHLWERK _____

    GRUNDGERÄUSCH AUS DEM RADIO ___ FREQUENZ _____ BAND _____

    BRUNNEN ___ GERÄUSCHKONSERVE ___ KEINE GERÄUSCHE ___ _____

ARCHIV CASSETTEN ___ ARCHIV COMPUTER ___

CASSETTEN NR. _____ DATEI _____

WER HAT SICH GEMELDET? _____

INFORMATIONEN, WIE DIMENSION/EBENE _____

GESTELLTE FRAGE _____

_____

_____

ERHALTENE ANTWORT _____

_____

_____

# TONBANDSTIMMEN PROTOKOLL   NR. ___

**DATUM** _____

**UHRZEIT** _____

**AUFNAHMEORT** _____

**MEIN NAME** _____

**ANWESENDE** _____

_____

**AUFNAHMEGERÄT** _____

**CASSETTEN RECORDER** ___ **TONBAND** ___ **DIKTIERGERÄT DIGITAL** ___

**DIKTIERGERÄT ANALOG** ___ **COMPUTER** ___

**AUF CASSETTE ANALOG** ___ **TONBAND** ___ **COMPUTER** ___ **SPEICHERKARTE** ___

**MP3** ___ **WAF** ___ _____

   **EXTERNES MIKROFON** ___

   **SCHAUMSTOFFUNTERLAGE** ___    **ZÄHLWERK** _____

   **GRUNDGERÄUSCH AUS DEM RADIO** ___ **FREQUENZ** _____ **BAND** _____

   **BRUNNEN** ___ **GERÄUSCHKONSERVE** ___ **KEINE GERÄUSCHE** ___ _____

**ARCHIV CASSETTEN** ___ **ARCHIV COMPUTER** ___

**CASSETTEN NR.** _____ **DATEI** _____

**WER HAT SICH GEMELDET?** _____

**INFORMATIONEN, WIE DIMENSION/EBENE** _____

**GESTELLTE FRAGE** _____

_____

_____

**ERHALTENE ANTWORT** _____

_____

_____

# TONBANDSTIMMEN PROTOKOLL   NR. __

DATUM _____

UHRZEIT _____

AUFNAHMEORT _____

MEIN NAME _____

ANWESENDE _____

_____

AUFNAHMEGERÄT _____

CASSETTEN RECORDER ___ TONBAND ___ DIKTIERGERÄT DIGITAL ___

DIKTIERGERÄT ANALOG ___ COMPUTER ___

AUF CASSETTE ANALOG ___ TONBAND ___ COMPUTER ___ SPEICHERKARTE ___

MP3 ___ WAF ___ _____

    EXTERNES MIKROFON ___

    SCHAUMSTOFFUNTERLAGE ___    ZÄHLWERK _____

    GRUNDGERÄUSCH AUS DEM RADIO ___ FREQUENZ _____ BAND _____

    BRUNNEN ___ GERÄUSCHKONSERVE ___ KEINE GERÄUSCHE ___ _____

ARCHIV CASSETTEN ___ ARCHIV COMPUTER ___

CASSETTEN NR. _____ DATEI _____

WER HAT SICH GEMELDET? _____

INFORMATIONEN, WIE DIMENSION/EBENE _____

GESTELLTE FRAGE _____

_____

_____

ERHALTENE ANTWORT _____

_____

_____

# TONBANDSTIMMEN PROTOKOLL   NR. __

DATUM _____

UHRZEIT _____

AUFNAHMEORT _____

MEIN NAME _____

ANWESENDE _____

_____

AUFNAHMEGERÄT _____

CASSETTEN RECORDER ___ TONBAND ___ DIKTIERGERÄT DIGITAL ___

DIKTIERGERÄT ANALOG ___ COMPUTER ___

AUF CASSETTE ANALOG ___ TONBAND ___ COMPUTER ___ SPEICHERKARTE ___

MP3 ___ WAF ___ _____

EXTERNES MIKROFON ___

SCHAUMSTOFFUNTERLAGE ___          ZÄHLWERK _____

GRUNDGERÄUSCH AUS DEM RADIO ___ FREQUENZ _____ BAND _____

BRUNNEN ___ GERÄUSCHKONSERVE ___ KEINE GERÄUSCHE ___ _____

ARCHIV CASSETTEN ___ ARCHIV COMPUTER ___

CASSETTEN NR. _____ DATEI _____

WER HAT SICH GEMELDET? _____

INFORMATIONEN, WIE DIMENSION/EBENE _____

GESTELLTE FRAGE _____

_____

_____

ERHALTENE ANTWORT _____

_____

_____

# TONBANDSTIMMEN PROTOKOLL   NR. ___

DATUM _____

UHRZEIT _____

AUFNAHMEORT _____

MEIN NAME _____

ANWESENDE _____

_____

AUFNAHMEGERÄT _____

CASSETTEN RECORDER ___ TONBAND ___ DIKTIERGERÄT DIGITAL ___

DIKTIERGERÄT ANALOG ___ COMPUTER ___

AUF CASSETTE ANALOG ___ TONBAND ___ COMPUTER ___ SPEICHERKARTE ___

MP3 ___ WAF ___ _____

    EXTERNES MIKROFON ___

    SCHAUMSTOFFUNTERLAGE ___    ZÄHLWERK _____

    GRUNDGERÄUSCH AUS DEM RADIO ___ FREQUENZ _____ BAND _____

    BRUNNEN ___ GERÄUSCHKONSERVE ___ KEINE GERÄUSCHE ___ _____

ARCHIV CASSETTEN ___ ARCHIV COMPUTER ___

CASSETTEN NR. _____ DATEI _____

WER HAT SICH GEMELDET? _____

INFORMATIONEN, WIE DIMENSION/EBENE _____

GESTELLTE FRAGE _____

_____

_____

ERHALTENE ANTWORT _____

_____

_____

# TONBANDSTIMMEN PROTOKOLL   NR. \_\_

**DATUM** _____

**UHRZEIT** _____

**AUFNAHMEORT** _____

**MEIN NAME** _____

**ANWESENDE** _____

_____

**AUFNAHMEGERÄT** _____

**CASSETTEN RECORDER** \_\_ **TONBAND** \_\_ **DIKTIERGERÄT DIGITAL** \_\_

**DIKTIERGERÄT ANALOG** \_\_ **COMPUTER** \_\_

**AUF CASSETTE ANALOG** \_\_ **TONBAND** \_\_ **COMPUTER** \_\_ **SPEICHERKARTE** \_\_

**MP3** \_\_ **WAF** \_\_ _____

**EXTERNES MIKROFON** \_\_

**SCHAUMSTOFFUNTERLAGE** \_\_     **ZÄHLWERK** _____

**GRUNDGERÄUSCH AUS DEM RADIO** \_\_ **FREQUENZ** _____ **BAND** _____

**BRUNNEN** \_\_ **GERÄUSCHKONSERVE** \_\_ **KEINE GERÄUSCHE** \_\_ _____

**ARCHIV CASSETTEN** \_\_ **ARCHIV COMPUTER** \_\_

**CASSETTEN NR.** _____ **DATEI** _____

**WER HAT SICH GEMELDET?** _____

**INFORMATIONEN, WIE DIMENSION/EBENE** _____

**GESTELLTE FRAGE** _____

_____

_____

**ERHALTENE ANTWORT** _____

_____

_____

# TONBANDSTIMMEN PROTOKOLL   NR. __

DATUM _____

UHRZEIT _____

AUFNAHMEORT _____

MEIN NAME _____

ANWESENDE _____

_____

AUFNAHMEGERÄT _____

CASSETTEN RECORDER ___ TONBAND ___ DIKTIERGERÄT DIGITAL ___

DIKTIERGERÄT ANALOG ___ COMPUTER ___

AUF CASSETTE ANALOG ___ TONBAND ___ COMPUTER ___ SPEICHERKARTE ___

MP3 ___ WAF ___ _____

    EXTERNES MIKROFON ___

    SCHAUMSTOFFUNTERLAGE ___    ZÄHLWERK _____

    GRUNDGERÄUSCH AUS DEM RADIO ___ FREQUENZ _____ BAND _____

    BRUNNEN ___ GERÄUSCHKONSERVE ___ KEINE GERÄUSCHE ___ _____

ARCHIV CASSETTEN ___ ARCHIV COMPUTER ___

CASSETTEN NR. _____ DATEI _____

WER HAT SICH GEMELDET? _____

INFORMATIONEN, WIE DIMENSION/EBENE _____

GESTELLTE FRAGE _____

_____

_____

ERHALTENE ANTWORT _____

_____

_____

# TONBANDSTIMMEN PROTOKOLL  NR. ___

DATUM _____

UHRZEIT _____

AUFNAHMEORT _____

MEIN NAME _____

ANWESENDE _____

_____

AUFNAHMEGERÄT _____

CASSETTEN RECORDER ___ TONBAND ___ DIKTIERGERÄT DIGITAL ___

DIKTIERGERÄT ANALOG ___ COMPUTER ___

AUF CASSETTE ANALOG ___ TONBAND ___ COMPUTER ___ SPEICHERKARTE ___

MP3 ___ WAF ___ _____

    EXTERNES MIKROFON ___

    SCHAUMSTOFFUNTERLAGE ___     ZÄHLWERK _____

    GRUNDGERÄUSCH AUS DEM RADIO ___ FREQUENZ _____ BAND _____

    BRUNNEN ___ GERÄUSCHKONSERVE ___ KEINE GERÄUSCHE ___ _____

ARCHIV CASSETTEN ___ ARCHIV COMPUTER ___

CASSETTEN NR. _____ DATEI _____

WER HAT SICH GEMELDET? _____

INFORMATIONEN, WIE DIMENSION/EBENE _____

GESTELLTE FRAGE _____

_____

_____

ERHALTENE ANTWORT _____

_____

_____

# TONBANDSTIMMEN PROTOKOLL   NR. __

DATUM _____

UHRZEIT _____

AUFNAHMEORT _____

MEIN NAME _____

ANWESENDE _____

_____

AUFNAHMEGERÄT _____

CASSETTEN RECORDER ___ TONBAND ___ DIKTIERGERÄT DIGITAL ___

DIKTIERGERÄT ANALOG ___ COMPUTER ___

AUF CASSETTE ANALOG ___ TONBAND ___ COMPUTER ___ SPEICHERKARTE ___

MP3 ___ WAF ___ _____

    EXTERNES MIKROFON ___

    SCHAUMSTOFFUNTERLAGE ___    ZÄHLWERK _____

    GRUNDGERÄUSCH AUS DEM RADIO ___ FREQUENZ _____ BAND _____

    BRUNNEN ___ GERÄUSCHKONSERVE ___ KEINE GERÄUSCHE ___ _____

ARCHIV CASSETTEN ___ ARCHIV COMPUTER ___

CASSETTEN NR. _____ DATEI _____

WER HAT SICH GEMELDET? _____

INFORMATIONEN, WIE DIMENSION/EBENE _____

GESTELLTE FRAGE _____

_____

_____

ERHALTENE ANTWORT _____

_____

_____

# TONBANDSTIMMEN PROTOKOLL   NR. ___

DATUM _____

UHRZEIT _____

AUFNAHMEORT _____

MEIN NAME _____

ANWESENDE _____

_____

AUFNAHMEGERÄT _____

CASSETTEN RECORDER ___ TONBAND ___ DIKTIERGERÄT DIGITAL ___

DIKTIERGERÄT ANALOG ___ COMPUTER ___

AUF CASSETTE ANALOG ___ TONBAND ___ COMPUTER ___ SPEICHERKARTE ___

MP3 ___ WAF ___ _____

EXTERNES MIKROFON ___
SCHAUMSTOFFUNTERLAGE ___         ZÄHLWERK _____

GRUNDGERÄUSCH AUS DEM RADIO ___ FREQUENZ _____ BAND _____

BRUNNEN ___ GERÄUSCHKONSERVE ___ KEINE GERÄUSCHE ___ _____

ARCHIV CASSETTEN ___ ARCHIV COMPUTER ___

CASSETTEN NR. _____ DATEI _____

WER HAT SICH GEMELDET? _____

INFORMATIONEN, WIE DIMENSION/EBENE _____

GESTELLTE FRAGE _____

_____

_____

ERHALTENE ANTWORT _____

_____

_____

# TONBANDSTIMMEN PROTOKOLL   NR. ___

DATUM _____

UHRZEIT _____

AUFNAHMEORT _____

MEIN NAME _____

ANWESENDE _____

_____

AUFNAHMEGERÄT _____

CASSETTEN RECORDER ___ TONBAND ___ DIKTIERGERÄT DIGITAL ___

DIKTIERGERÄT ANALOG ___ COMPUTER ___

AUF CASSETTE ANALOG ___ TONBAND ___ COMPUTER ___ SPEICHERKARTE ___

MP3 ___ WAF ___ _____

    EXTERNES MIKROFON ___

    SCHAUMSTOFFUNTERLAGE ___    ZÄHLWERK _____

    GRUNDGERÄUSCH AUS DEM RADIO ___ FREQUENZ _____ BAND _____

    BRUNNEN ___ GERÄUSCHKONSERVE ___ KEINE GERÄUSCHE ___ _____

ARCHIV CASSETTEN ___ ARCHIV COMPUTER ___

CASSETTEN NR. _____ DATEI _____

WER HAT SICH GEMELDET? _____

INFORMATIONEN, WIE DIMENSION/EBENE _____

GESTELLTE FRAGE _____

_____

_____

ERHALTENE ANTWORT _____

_____

_____

# TONBANDSTIMMEN PROTOKOLL   NR. __

DATUM _____

UHRZEIT _____

AUFNAHMEORT _____

MEIN NAME _____

ANWESENDE _____

_____

AUFNAHMEGERÄT _____

CASSETTEN RECORDER ___ TONBAND ___ DIKTIERGERÄT DIGITAL ___

DIKTIERGERÄT ANALOG ___ COMPUTER ___

AUF CASSETTE ANALOG ___ TONBAND ___ COMPUTER ___ SPEICHERKARTE ___

MP3 ___ WAF ___ _____

   EXTERNES MIKROFON ___

   SCHAUMSTOFFUNTERLAGE ___    ZÄHLWERK _____

   GRUNDGERÄUSCH AUS DEM RADIO ___ FREQUENZ _____ BAND _____

   BRUNNEN ___ GERÄUSCHKONSERVE ___ KEINE GERÄUSCHE ___ _____

ARCHIV CASSETTEN ___ ARCHIV COMPUTER ___

CASSETTEN NR. _____ DATEI _____

WER HAT SICH GEMELDET? _____

INFORMATIONEN, WIE DIMENSION/EBENE _____

GESTELLTE FRAGE _____

_____

_____

ERHALTENE ANTWORT _____

_____

_____

# TONBANDSTIMMEN PROTOKOLL   NR. __

DATUM _____

UHRZEIT _____

AUFNAHMEORT _____

MEIN NAME _____

ANWESENDE _____

_____

AUFNAHMEGERÄT _____

CASSETTEN RECORDER __ TONBAND __ DIKTIERGERÄT DIGITAL __

DIKTIERGERÄT ANALOG __ COMPUTER __

AUF CASSETTE ANALOG __ TONBAND __ COMPUTER __ SPEICHERKARTE __

MP3 __ WAF __ _____

    EXTERNES MIKROFON __

    SCHAUMSTOFFUNTERLAGE __    ZÄHLWERK _____

    GRUNDGERÄUSCH AUS DEM RADIO __ FREQUENZ _____ BAND _____

    BRUNNEN __ GERÄUSCHKONSERVE __ KEINE GERÄUSCHE __ _____

ARCHIV CASSETTEN __ ARCHIV COMPUTER __

CASSETTEN NR. _____ DATEI _____

WER HAT SICH GEMELDET? _____

INFORMATIONEN, WIE DIMENSION/EBENE _____

GESTELLTE FRAGE _____

_____

_____

ERHALTENE ANTWORT _____

_____

_____

# TONBANDSTIMMEN PROTOKOLL  NR. ___

DATUM _____

UHRZEIT _____

AUFNAHMEORT _____

MEIN NAME _____

ANWESENDE _____

_____

AUFNAHMEGERÄT _____

CASSETTEN RECORDER ___ TONBAND ___ DIKTIERGERÄT DIGITAL ___

DIKTIERGERÄT ANALOG ___ COMPUTER ___

AUF CASSETTE ANALOG ___ TONBAND ___ COMPUTER ___ SPEICHERKARTE ___

MP3 ___ WAF ___ _____

EXTERNES MIKROFON ___
SCHAUMSTOFFUNTERLAGE ___          ZÄHLWERK _____

GRUNDGERÄUSCH AUS DEM RADIO ___ FREQUENZ _____ BAND _____

BRUNNEN ___ GERÄUSCHKONSERVE ___ KEINE GERÄUSCHE ___ _____

ARCHIV CASSETTEN ___ ARCHIV COMPUTER ___

CASSETTEN NR. _____ DATEI _____

WER HAT SICH GEMELDET? _____

INFORMATIONEN, WIE DIMENSION/EBENE _____

GESTELLTE FRAGE _____

_____

_____

ERHALTENE ANTWORT _____

_____

_____

# TONBANDSTIMMEN PROTOKOLL  NR. __

**DATUM** _____

**UHRZEIT** _____

**AUFNAHMEORT** _____

**MEIN NAME** _____

**ANWESENDE** _____

_____

**AUFNAHMEGERÄT** _____

**CASSETTEN RECORDER** __ **TONBAND** __ **DIKTIERGERÄT DIGITAL** ___

**DIKTIERGERÄT ANALOG** __ **COMPUTER** __

**AUF CASSETTE ANALOG** __ **TONBAND** __ **COMPUTER** __ **SPEICHERKARTE** __

**MP3** __ **WAF** __ _____

    **EXTERNES MIKROFON** ___

    **SCHAUMSTOFFUNTERLAGE** __    **ZÄHLWERK** _____

    **GRUNDGERÄUSCH AUS DEM RADIO** __ **FREQUENZ** _____ **BAND** _____

    **BRUNNEN** __ **GERÄUSCHKONSERVE** __ **KEINE GERÄUSCHE** __ _____

**ARCHIV CASSETTEN** __ **ARCHIV COMPUTER** __

**CASSETTEN NR.** _____ **DATEI** _____

**WER HAT SICH GEMELDET?** _____

**INFORMATIONEN, WIE DIMENSION/EBENE** _____

**GESTELLTE FRAGE** _____

_____

_____

**ERHALTENE ANTWORT** _____

_____

_____

# TONBANDSTIMMEN PROTOKOLL    NR. __

DATUM _____

UHRZEIT _____

AUFNAHMEORT _____

MEIN NAME _____

ANWESENDE _____

_____

AUFNAHMEGERÄT _____

CASSETTEN RECORDER ___ TONBAND ___ DIKTIERGERÄT DIGITAL ___

DIKTIERGERÄT ANALOG ___ COMPUTER ___

AUF CASSETTE ANALOG ___ TONBAND ___ COMPUTER ___ SPEICHERKARTE ___

MP3 ___ WAF ___ _____

    EXTERNES MIKROFON ___

    SCHAUMSTOFFUNTERLAGE ___    ZÄHLWERK _____

    GRUNDGERÄUSCH AUS DEM RADIO ___ FREQUENZ _____ BAND _____

    BRUNNEN ___ GERÄUSCHKONSERVE ___ KEINE GERÄUSCHE ___ _____

ARCHIV CASSETTEN ___ ARCHIV COMPUTER ___

CASSETTEN NR. _____ DATEI _____

WER HAT SICH GEMELDET? _____

INFORMATIONEN, WIE DIMENSION/EBENE _____

GESTELLTE FRAGE _____

_____

_____

ERHALTENE ANTWORT _____

_____

_____

# TONBANDSTIMMEN PROTOKOLL   NR. __

**DATUM** _____

**UHRZEIT** _____

**AUFNAHMEORT** _____

**MEIN NAME** _____

**ANWESENDE** _____

_____

**AUFNAHMEGERÄT** _____

**CASSETTEN RECORDER** ___ **TONBAND** ___ **DIKTIERGERÄT DIGITAL** ___

**DIKTIERGERÄT ANALOG** ___ **COMPUTER** ___

**AUF CASSETTE ANALOG** ___ **TONBAND** ___ **COMPUTER** ___ **SPEICHERKARTE** ___

**MP3** ___ **WAF** ___ _____

    **EXTERNES MIKROFON** ___

    **SCHAUMSTOFFUNTERLAGE** ___      **ZÄHLWERK** _____

    **GRUNDGERÄUSCH AUS DEM RADIO** ___ **FREQUENZ** _____ **BAND** _____

    **BRUNNEN** ___ **GERÄUSCHKONSERVE** ___ **KEINE GERÄUSCHE** ___ _____

**ARCHIV CASSETTEN** ___ **ARCHIV COMPUTER** ___

**CASSETTEN NR.** _____ **DATEI** _____

**WER HAT SICH GEMELDET?** _____

**INFORMATIONEN, WIE DIMENSION/EBENE** _____

**GESTELLTE FRAGE** _____

_____

_____

**ERHALTENE ANTWORT** _____

_____

_____

# TONBANDSTIMMEN PROTOKOLL   NR. ___

DATUM _____

UHRZEIT _____

AUFNAHMEORT _____

MEIN NAME _____

ANWESENDE _____

_____

AUFNAHMEGERÄT _____

CASSETTEN RECORDER ___ TONBAND ___ DIKTIERGERÄT DIGITAL ___

DIKTIERGERÄT ANALOG ___ COMPUTER ___

AUF CASSETTE ANALOG ___ TONBAND ___ COMPUTER ___ SPEICHERKARTE ___

MP3 ___ WAF ___ _____

EXTERNES MIKROFON ___

SCHAUMSTOFFUNTERLAGE ___          ZÄHLWERK _____

GRUNDGERÄUSCH AUS DEM RADIO ___ FREQUENZ _____ BAND _____

BRUNNEN ___ GERÄUSCHKONSERVE ___ KEINE GERÄUSCHE ___ _____

ARCHIV CASSETTEN ___ ARCHIV COMPUTER ___

CASSETTEN NR. _____ DATEI _____

WER HAT SICH GEMELDET? _____

INFORMATIONEN, WIE DIMENSION/EBENE _____

GESTELLTE FRAGE _____

_____

_____

ERHALTENE ANTWORT _____

_____

_____

# TONBANDSTIMMEN PROTOKOLL  NR. ___

DATUM _____

UHRZEIT _____

AUFNAHMEORT _____

MEIN NAME _____

ANWESENDE _____

_____

AUFNAHMEGERÄT _____

CASSETTEN RECORDER ___ TONBAND ___ DIKTIERGERÄT DIGITAL ___

DIKTIERGERÄT ANALOG ___ COMPUTER ___

AUF CASSETTE ANALOG ___ TONBAND ___ COMPUTER ___ SPEICHERKARTE ___

MP3 ___ WAF ___ _____

EXTERNES MIKROFON ___

SCHAUMSTOFFUNTERLAGE ___          ZÄHLWERK _____

GRUNDGERÄUSCH AUS DEM RADIO ___ FREQUENZ _____ BAND _____

BRUNNEN ___ GERÄUSCHKONSERVE ___ KEINE GERÄUSCHE ___ _____

ARCHIV CASSETTEN ___ ARCHIV COMPUTER ___

CASSETTEN NR. _____ DATEI _____

WER HAT SICH GEMELDET? _____

INFORMATIONEN, WIE DIMENSION/EBENE _____

GESTELLTE FRAGE _____

_____

_____

ERHALTENE ANTWORT _____

_____

_____

# TONBANDSTIMMEN PROTOKOLL   NR. ___

**DATUM** _____

**UHRZEIT** _____

**AUFNAHMEORT** _____

**MEIN NAME** _____

**ANWESENDE** _____

_____

**AUFNAHMEGERÄT** _____

**CASSETTEN RECORDER** ___ **TONBAND** ___ **DIKTIERGERÄT DIGITAL** ___

**DIKTIERGERÄT ANALOG** ___ **COMPUTER** ___

**AUF CASSETTE ANALOG** ___ **TONBAND** ___ **COMPUTER** ___ **SPEICHERKARTE** ___

**MP3** ___ **WAF** ___ _____

    **EXTERNES MIKROFON** ___

    **SCHAUMSTOFFUNTERLAGE** ___     **ZÄHLWERK** _____

    **GRUNDGERÄUSCH AUS DEM RADIO** ___ **FREQUENZ** _____ **BAND** _____

    **BRUNNEN** ___ **GERÄUSCHKONSERVE** ___ **KEINE GERÄUSCHE** ___ _____

**ARCHIV CASSETTEN** ___ **ARCHIV COMPUTER** ___

**CASSETTEN NR.** _____ **DATEI** _____

**WER HAT SICH GEMELDET?** _____

**INFORMATIONEN, WIE DIMENSION/EBENE** _____

**GESTELLTE FRAGE** _____

_____

_____

**ERHALTENE ANTWORT** _____

_____

_____

# TONBANDSTIMMEN PROTOKOLL   NR. __

DATUM _____

UHRZEIT _____

AUFNAHMEORT _____

MEIN NAME _____

ANWESENDE _____

_____

AUFNAHMEGERÄT _____

CASSETTEN RECORDER __ TONBAND __ DIKTIERGERÄT DIGITAL __

DIKTIERGERÄT ANALOG __ COMPUTER __

AUF CASSETTE ANALOG __ TONBAND __ COMPUTER __ SPEICHERKARTE __

MP3 __ WAF __ _____

    EXTERNES MIKROFON __

    SCHAUMSTOFFUNTERLAGE __    ZÄHLWERK _____

    GRUNDGERÄUSCH AUS DEM RADIO __ FREQUENZ _____ BAND _____

    BRUNNEN __ GERÄUSCHKONSERVE __ KEINE GERÄUSCHE __ _____

ARCHIV CASSETTEN __ ARCHIV COMPUTER __

CASSETTEN NR. _____ DATEI _____

WER HAT SICH GEMELDET? _____

INFORMATIONEN, WIE DIMENSION/EBENE _____

GESTELLTE FRAGE _____

_____

_____

ERHALTENE ANTWORT _____

_____

_____

# TONBANDSTIMMEN PROTOKOLL   NR. __

DATUM _____

UHRZEIT _____

AUFNAHMEORT _____

MEIN NAME _____

ANWESENDE _____

_____

AUFNAHMEGERÄT _____

CASSETTEN RECORDER ___ TONBAND ___ DIKTIERGERÄT DIGITAL ___

DIKTIERGERÄT ANALOG ___ COMPUTER ___

AUF CASSETTE ANALOG ___ TONBAND ___ COMPUTER ___ SPEICHERKARTE ___

MP3 ___ WAF ___ _____

EXTERNES MIKROFON ___
SCHAUMSTOFFUNTERLAGE ___          ZÄHLWERK _____

GRUNDGERÄUSCH AUS DEM RADIO ___ FREQUENZ _____ BAND _____

BRUNNEN ___ GERÄUSCHKONSERVE ___ KEINE GERÄUSCHE ___ _____

ARCHIV CASSETTEN ___ ARCHIV COMPUTER ___

CASSETTEN NR. _____ DATEI _____

WER HAT SICH GEMELDET? _____

INFORMATIONEN, WIE DIMENSION/EBENE _____

GESTELLTE FRAGE _____

_____

_____

ERHALTENE ANTWORT _____

_____

_____

# TONBANDSTIMMEN PROTOKOLL   NR. __

DATUM _____

UHRZEIT _____

AUFNAHMEORT _____

MEIN NAME _____

ANWESENDE _____

_____

AUFNAHMEGERÄT _____

CASSETTEN RECORDER __ TONBAND __ DIKTIERGERÄT DIGITAL __

DIKTIERGERÄT ANALOG __ COMPUTER __

AUF CASSETTE ANALOG __ TONBAND __ COMPUTER __ SPEICHERKARTE __

MP3 __ WAF __ _____

    EXTERNES MIKROFON __

    SCHAUMSTOFFUNTERLAGE __     ZÄHLWERK _____

    GRUNDGERÄUSCH AUS DEM RADIO __ FREQUENZ _____ BAND _____

    BRUNNEN __ GERÄUSCHKONSERVE __ KEINE GERÄUSCHE __ _____

ARCHIV CASSETTEN __ ARCHIV COMPUTER __

CASSETTEN NR. _____ DATEI _____

WER HAT SICH GEMELDET? _____

INFORMATIONEN, WIE DIMENSION/EBENE _____

GESTELLTE FRAGE _____

_____

_____

ERHALTENE ANTWORT _____

_____

_____

# TONBANDSTIMMEN PROTOKOLL   NR. ___

DATUM _____

UHRZEIT _____

AUFNAHMEORT _____

MEIN NAME _____

ANWESENDE _____

_____

AUFNAHMEGERÄT _____

CASSETTEN RECORDER ___ TONBAND ___ DIKTIERGERÄT DIGITAL ___

DIKTIERGERÄT ANALOG ___ COMPUTER ___

AUF CASSETTE ANALOG ___ TONBAND ___ COMPUTER ___ SPEICHERKARTE ___

MP3 ___ WAF ___ _____

EXTERNES MIKROFON ___
SCHAUMSTOFFUNTERLAGE ___          ZÄHLWERK _____

GRUNDGERÄUSCH AUS DEM RADIO ___ FREQUENZ _____ BAND _____

BRUNNEN ___ GERÄUSCHKONSERVE ___ KEINE GERÄUSCHE ___ _____

ARCHIV CASSETTEN ___ ARCHIV COMPUTER ___

CASSETTEN NR. _____ DATEI _____

WER HAT SICH GEMELDET? _____

INFORMATIONEN, WIE DIMENSION/EBENE _____

GESTELLTE FRAGE _____

_____

_____

ERHALTENE ANTWORT _____

_____

_____

# TONBANDSTIMMEN PROTOKOLL NR. ___

DATUM _____

UHRZEIT _____

AUFNAHMEORT _____

MEIN NAME _____

ANWESENDE _____

_____

AUFNAHMEGERÄT _____

CASSETTEN RECORDER ___ TONBAND ___ DIKTIERGERÄT DIGITAL ___

DIKTIERGERÄT ANALOG ___ COMPUTER ___

AUF CASSETTE ANALOG ___ TONBAND ___ COMPUTER ___ SPEICHERKARTE ___

MP3 ___ WAF ___ _____

    EXTERNES MIKROFON ___

    SCHAUMSTOFFUNTERLAGE ___    ZÄHLWERK _____

    GRUNDGERÄUSCH AUS DEM RADIO ___ FREQUENZ _____ BAND _____

    BRUNNEN ___ GERÄUSCHKONSERVE ___ KEINE GERÄUSCHE ___ _____

ARCHIV CASSETTEN ___ ARCHIV COMPUTER ___

CASSETTEN NR. _____ DATEI _____

WER HAT SICH GEMELDET? _____

INFORMATIONEN, WIE DIMENSION/EBENE _____

GESTELLTE FRAGE _____

_____

_____

ERHALTENE ANTWORT _____

_____

_____

# TONBANDSTIMMEN PROTOKOLL   NR. __

DATUM _____

UHRZEIT _____

AUFNAHMEORT _____

MEIN NAME _____

ANWESENDE _____

_____

AUFNAHMEGERÄT _____

CASSETTEN RECORDER ___ TONBAND ___ DIKTIERGERÄT DIGITAL ___

DIKTIERGERÄT ANALOG ___ COMPUTER ___

AUF CASSETTE ANALOG ___ TONBAND ___ COMPUTER ___ SPEICHERKARTE ___

MP3 ___ WAF ___ _____

   EXTERNES MIKROFON ___

   SCHAUMSTOFFUNTERLAGE ___    ZÄHLWERK _____

   GRUNDGERÄUSCH AUS DEM RADIO ___ FREQUENZ _____ BAND _____

   BRUNNEN ___ GERÄUSCHKONSERVE ___ KEINE GERÄUSCHE ___ _____

ARCHIV CASSETTEN ___ ARCHIV COMPUTER ___

CASSETTEN NR. _____ DATEI _____

WER HAT SICH GEMELDET? _____

INFORMATIONEN, WIE DIMENSION/EBENE _____

GESTELLTE FRAGE _____

_____

_____

ERHALTENE ANTWORT _____

_____

_____

# TONBANDSTIMMEN PROTOKOLL   NR. ___

DATUM _____

UHRZEIT _____

AUFNAHMEORT _____

MEIN NAME _____

ANWESENDE _____

_____

AUFNAHMEGERÄT _____

CASSETTEN RECORDER ___ TONBAND ___ DIKTIERGERÄT DIGITAL ___

DIKTIERGERÄT ANALOG ___ COMPUTER ___

AUF CASSETTE ANALOG ___ TONBAND ___ COMPUTER ___ SPEICHERKARTE ___

MP3 ___ WAF ___ _____

  EXTERNES MIKROFON ___
  SCHAUMSTOFFUNTERLAGE ___          ZÄHLWERK _____

  GRUNDGERÄUSCH AUS DEM RADIO ___ FREQUENZ _____ BAND _____

  BRUNNEN ___ GERÄUSCHKONSERVE ___ KEINE GERÄUSCHE ___ _____

ARCHIV CASSETTEN ___ ARCHIV COMPUTER ___

CASSETTEN NR. _____ DATEI _____

WER HAT SICH GEMELDET? _____

INFORMATIONEN, WIE DIMENSION/EBENE _____

GESTELLTE FRAGE _____

_____

_____

ERHALTENE ANTWORT _____

_____

_____

# TONBANDSTIMMEN PROTOKOLL   NR. ___

DATUM _____

UHRZEIT _____

AUFNAHMEORT _____

MEIN NAME _____

ANWESENDE _____

_____

AUFNAHMEGERÄT _____

CASSETTEN RECORDER ___ TONBAND ___ DIKTIERGERÄT DIGITAL ___

DIKTIERGERÄT ANALOG ___ COMPUTER ___

AUF CASSETTE ANALOG ___ TONBAND ___ COMPUTER ___ SPEICHERKARTE ___

MP3 ___ WAF ___ _____

    EXTERNES MIKROFON ___

    SCHAUMSTOFFUNTERLAGE ___    ZÄHLWERK _____

    GRUNDGERÄUSCH AUS DEM RADIO ___ FREQUENZ _____ BAND _____

    BRUNNEN ___ GERÄUSCHKONSERVE ___ KEINE GERÄUSCHE ___ _____

ARCHIV CASSETTEN ___ ARCHIV COMPUTER ___

CASSETTEN NR. _____ DATEI _____

WER HAT SICH GEMELDET? _____

INFORMATIONEN, WIE DIMENSION/EBENE _____

GESTELLTE FRAGE _____

_____

_____

ERHALTENE ANTWORT _____

_____

_____

# TONBANDSTIMMEN PROTOKOLL   NR. __

DATUM _____

UHRZEIT _____

AUFNAHMEORT _____

MEIN NAME _____

ANWESENDE _____

_____

AUFNAHMEGERÄT _____

CASSETTEN RECORDER ___  TONBAND ___  DIKTIERGERÄT DIGITAL ___

DIKTIERGERÄT ANALOG ___  COMPUTER ___

AUF CASSETTE ANALOG ___  TONBAND ___  COMPUTER ___  SPEICHERKARTE ___

MP3 ___  WAF ___ _____

   EXTERNES MIKROFON ___

   SCHAUMSTOFFUNTERLAGE ___     ZÄHLWERK _____

   GRUNDGERÄUSCH AUS DEM RADIO ___  FREQUENZ _____  BAND _____

   BRUNNEN ___  GERÄUSCHKONSERVE ___  KEINE GERÄUSCHE ___ _____

ARCHIV CASSETTEN ___  ARCHIV COMPUTER ___

CASSETTEN NR. _____  DATEI _____

WER HAT SICH GEMELDET? _____

INFORMATIONEN, WIE DIMENSION/EBENE _____

GESTELLTE FRAGE _____

_____

_____

ERHALTENE ANTWORT _____

_____

_____

# TONBANDSTIMMEN PROTOKOLL   NR. __

**DATUM** _____

**UHRZEIT** _____

**AUFNAHMEORT** _____

**MEIN NAME** _____

**ANWESENDE** _____

_____

**AUFNAHMEGERÄT** _____

**CASSETTEN RECORDER** ___ **TONBAND** ___ **DIKTIERGERÄT DIGITAL** ___

**DIKTIERGERÄT ANALOG** ___ **COMPUTER** ___

**AUF CASSETTE ANALOG** ___ **TONBAND** ___ **COMPUTER** ___ **SPEICHERKARTE** ___

**MP3** ___ **WAF** ___ _____

   **EXTERNES MIKROFON** ___

   **SCHAUMSTOFFUNTERLAGE** ___     **ZÄHLWERK** _____

   **GRUNDGERÄUSCH AUS DEM RADIO** ___ **FREQUENZ** _____ **BAND** _____

   **BRUNNEN** ___ **GERÄUSCHKONSERVE** ___ **KEINE GERÄUSCHE** ___ _____

**ARCHIV CASSETTEN** ___ **ARCHIV COMPUTER** ___

**CASSETTEN NR.** _____ **DATEI** _____

**WER HAT SICH GEMELDET?** _____

**INFORMATIONEN, WIE DIMENSION/EBENE** _____

**GESTELLTE FRAGE** _____

_____

_____

**ERHALTENE ANTWORT** _____

_____

_____

# TONBANDSTIMMEN PROTOKOLL   NR. __

DATUM _____

UHRZEIT _____

AUFNAHMEORT _____

MEIN NAME _____

ANWESENDE _____

_____

AUFNAHMEGERÄT _____

CASSETTEN RECORDER ___ TONBAND ___ DIKTIERGERÄT DIGITAL ___

DIKTIERGERÄT ANALOG ___ COMPUTER ___

AUF CASSETTE ANALOG ___ TONBAND ___ COMPUTER ___ SPEICHERKARTE ___

MP3 ___ WAF ___ _____

    EXTERNES MIKROFON ___

    SCHAUMSTOFFUNTERLAGE ___    ZÄHLWERK _____

    GRUNDGERÄUSCH AUS DEM RADIO ___ FREQUENZ _____ BAND _____

    BRUNNEN ___ GERÄUSCHKONSERVE ___ KEINE GERÄUSCHE ___ _____

ARCHIV CASSETTEN ___ ARCHIV COMPUTER ___

CASSETTEN NR. _____ DATEI _____

WER HAT SICH GEMELDET? _____

INFORMATIONEN, WIE DIMENSION/EBENE _____

GESTELLTE FRAGE _____

_____

_____

ERHALTENE ANTWORT _____

_____

_____

# TONBANDSTIMMEN PROTOKOLL   NR. __

DATUM _____

UHRZEIT _____

AUFNAHMEORT _____

MEIN NAME _____

ANWESENDE _____

_____

AUFNAHMEGERÄT _____

CASSETTEN RECORDER ___ TONBAND ___ DIKTIERGERÄT DIGITAL ___

DIKTIERGERÄT ANALOG ___ COMPUTER ___

AUF CASSETTE ANALOG ___ TONBAND ___ COMPUTER ___ SPEICHERKARTE ___

MP3 ___ WAF ___ _____

    EXTERNES MIKROFON ___

    SCHAUMSTOFFUNTERLAGE ___    ZÄHLWERK _____

    GRUNDGERÄUSCH AUS DEM RADIO ___ FREQUENZ _____ BAND _____

    BRUNNEN ___ GERÄUSCHKONSERVE ___ KEINE GERÄUSCHE ___ _____

ARCHIV CASSETTEN ___ ARCHIV COMPUTER ___

CASSETTEN NR. _____ DATEI _____

WER HAT SICH GEMELDET? _____

INFORMATIONEN, WIE DIMENSION/EBENE _____

GESTELLTE FRAGE _____

_____

_____

ERHALTENE ANTWORT _____

_____

_____

# TONBANDSTIMMEN PROTOKOLL   NR. __

DATUM _____

UHRZEIT _____

AUFNAHMEORT _____

MEIN NAME _____

ANWESENDE _____

_____

AUFNAHMEGERÄT _____

CASSETTEN RECORDER ___ TONBAND ___ DIKTIERGERÄT DIGITAL ___

DIKTIERGERÄT ANALOG ___ COMPUTER ___

AUF CASSETTE ANALOG ___ TONBAND ___ COMPUTER ___ SPEICHERKARTE ___

MP3 ___ WAF ___ _____

    EXTERNES MIKROFON ___

    SCHAUMSTOFFUNTERLAGE ___    ZÄHLWERK _____

    GRUNDGERÄUSCH AUS DEM RADIO ___ FREQUENZ _____ BAND _____

    BRUNNEN ___ GERÄUSCHKONSERVE ___ KEINE GERÄUSCHE ___ _____

ARCHIV CASSETTEN ___ ARCHIV COMPUTER ___

CASSETTEN NR. _____ DATEI _____

WER HAT SICH GEMELDET? _____

INFORMATIONEN, WIE DIMENSION/EBENE _____

GESTELLTE FRAGE _____

_____

_____

ERHALTENE ANTWORT _____

_____

_____

# TONBANDSTIMMEN PROTOKOLL    NR. __

DATUM _____

UHRZEIT _____

AUFNAHMEORT _____

MEIN NAME _____

ANWESENDE _____

_____

AUFNAHMEGERÄT _____

CASSETTEN RECORDER ___ TONBAND ___ DIKTIERGERÄT DIGITAL ___

DIKTIERGERÄT ANALOG ___ COMPUTER ___

AUF CASSETTE ANALOG ___ TONBAND ___ COMPUTER ___ SPEICHERKARTE ___

MP3 ___ WAF ___ _____

    EXTERNES MIKROFON ___

    SCHAUMSTOFFUNTERLAGE ___      ZÄHLWERK _____

    GRUNDGERÄUSCH AUS DEM RADIO ___ FREQUENZ _____ BAND _____

    BRUNNEN ___ GERÄUSCHKONSERVE ___ KEINE GERÄUSCHE ___ _____

ARCHIV CASSETTEN ___ ARCHIV COMPUTER ___

CASSETTEN NR. _____ DATEI _____

WER HAT SICH GEMELDET? _____

INFORMATIONEN, WIE DIMENSION/EBENE _____

GESTELLTE FRAGE _____

_____

_____

ERHALTENE ANTWORT _____

_____

_____

# TONBANDSTIMMEN PROTOKOLL   NR. __

DATUM _____

UHRZEIT _____

AUFNAHMEORT _____

MEIN NAME _____

ANWESENDE _____

_____

AUFNAHMEGERÄT _____

CASSETTEN RECORDER ___ TONBAND ___ DIKTIERGERÄT DIGITAL ___

DIKTIERGERÄT ANALOG ___ COMPUTER ___

AUF CASSETTE ANALOG ___ TONBAND ___ COMPUTER ___ SPEICHERKARTE ___

MP3 ___ WAF ___ _____

    EXTERNES MIKROFON ___

    SCHAUMSTOFFUNTERLAGE ___    ZÄHLWERK _____

    GRUNDGERÄUSCH AUS DEM RADIO ___ FREQUENZ _____ BAND _____

    BRUNNEN ___ GERÄUSCHKONSERVE ___ KEINE GERÄUSCHE ___ _____

ARCHIV CASSETTEN ___ ARCHIV COMPUTER ___

CASSETTEN NR. _____ DATEI _____

WER HAT SICH GEMELDET? _____

INFORMATIONEN, WIE DIMENSION/EBENE _____

GESTELLTE FRAGE _____

_____

_____

ERHALTENE ANTWORT _____

_____

_____

# TONBANDSTIMMEN PROTOKOLL   NR. ___

DATUM _____

UHRZEIT _____

AUFNAHMEORT _____

MEIN NAME _____

ANWESENDE _____

_____

AUFNAHMEGERÄT _____

CASSETTEN RECORDER ___ TONBAND ___ DIKTIERGERÄT DIGITAL ___

DIKTIERGERÄT ANALOG ___ COMPUTER ___

AUF CASSETTE ANALOG ___ TONBAND ___ COMPUTER ___ SPEICHERKARTE ___

MP3 ___ WAF ___ _____

    EXTERNES MIKROFON ___
    SCHAUMSTOFFUNTERLAGE ___    ZÄHLWERK _____

    GRUNDGERÄUSCH AUS DEM RADIO ___ FREQUENZ _____ BAND _____

    BRUNNEN ___ GERÄUSCHKONSERVE ___ KEINE GERÄUSCHE ___ _____

ARCHIV CASSETTEN ___ ARCHIV COMPUTER ___

CASSETTEN NR. _____ DATEI _____

WER HAT SICH GEMELDET? _____

INFORMATIONEN, WIE DIMENSION/EBENE _____

GESTELLTE FRAGE _____

_____

_____

ERHALTENE ANTWORT _____

_____

_____

# TONBANDSTIMMEN PROTOKOLL   NR. __

DATUM _____

UHRZEIT _____

AUFNAHMEORT _____

MEIN NAME _____

ANWESENDE _____

_____

AUFNAHMEGERÄT _____

CASSETTEN RECORDER ___ TONBAND ___ DIKTIERGERÄT DIGITAL ___

DIKTIERGERÄT ANALOG ___ COMPUTER ___

AUF CASSETTE ANALOG ___ TONBAND ___ COMPUTER ___ SPEICHERKARTE ___

MP3 ___ WAF ___ _____

    EXTERNES MIKROFON ___

    SCHAUMSTOFFUNTERLAGE ___     ZÄHLWERK _____

    GRUNDGERÄUSCH AUS DEM RADIO ___ FREQUENZ _____ BAND _____

    BRUNNEN ___ GERÄUSCHKONSERVE ___ KEINE GERÄUSCHE ___ _____

ARCHIV CASSETTEN ___ ARCHIV COMPUTER ___

CASSETTEN NR. _____ DATEI _____

WER HAT SICH GEMELDET? _____

INFORMATIONEN, WIE DIMENSION/EBENE _____

GESTELLTE FRAGE _____

_____

_____

ERHALTENE ANTWORT _____

_____

_____

# TONBANDSTIMMEN PROTOKOLL   NR. ___

**DATUM** _____

**UHRZEIT** _____

**AUFNAHMEORT** _____

**MEIN NAME** _____

**ANWESENDE** _____

_____

**AUFNAHMEGERÄT** _____

**CASSETTEN RECORDER** ___ **TONBAND** ___ **DIKTIERGERÄT DIGITAL** ___

**DIKTIERGERÄT ANALOG** ___ **COMPUTER** ___

**AUF CASSETTE ANALOG** ___ **TONBAND** ___ **COMPUTER** ___ **SPEICHERKARTE** ___

**MP3** ___ **WAF** ___ _____

    **EXTERNES MIKROFON** ___

    **SCHAUMSTOFFUNTERLAGE** ___     **ZÄHLWERK** _____

    **GRUNDGERÄUSCH AUS DEM RADIO** ___ **FREQUENZ** _____ **BAND** _____

    **BRUNNEN** ___ **GERÄUSCHKONSERVE** ___ **KEINE GERÄUSCHE** ___ _____

**ARCHIV CASSETTEN** ___ **ARCHIV COMPUTER** ___

**CASSETTEN NR.** _____ **DATEI** _____

**WER HAT SICH GEMELDET?** _____

**INFORMATIONEN, WIE DIMENSION/EBENE** _____

**GESTELLTE FRAGE** _____

_____

_____

**ERHALTENE ANTWORT** _____

_____

_____

# TONBANDSTIMMEN PROTOKOLL  NR. \_\_

DATUM _____

UHRZEIT _____

AUFNAHMEORT _____

MEIN NAME _____

ANWESENDE _____

_____

AUFNAHMEGERÄT _____

CASSETTEN RECORDER \_\_ TONBAND \_\_ DIKTIERGERÄT DIGITAL \_\_

DIKTIERGERÄT ANALOG \_\_ COMPUTER \_\_

AUF CASSETTE ANALOG \_\_ TONBAND \_\_ COMPUTER \_\_ SPEICHERKARTE \_\_

MP3 \_\_ WAF \_\_ _____

  EXTERNES MIKROFON \_\_
  SCHAUMSTOFFUNTERLAGE \_\_      ZÄHLWERK _____

  GRUNDGERÄUSCH AUS DEM RADIO \_\_ FREQUENZ _____ BAND _____

  BRUNNEN \_\_ GERÄUSCHKONSERVE \_\_ KEINE GERÄUSCHE \_\_ _____

ARCHIV CASSETTEN \_\_ ARCHIV COMPUTER \_\_

CASSETTEN NR. _____ DATEI _____

WER HAT SICH GEMELDET? _____

INFORMATIONEN, WIE DIMENSION/EBENE _____

GESTELLTE FRAGE _____

_____

_____

ERHALTENE ANTWORT _____

_____

_____

# TONBANDSTIMMEN PROTOKOLL   NR. __

DATUM _____

UHRZEIT _____

AUFNAHMEORT _____

MEIN NAME _____

ANWESENDE _____

_____

AUFNAHMEGERÄT _____

CASSETTEN RECORDER ___ TONBAND ___ DIKTIERGERÄT DIGITAL ___

DIKTIERGERÄT ANALOG ___ COMPUTER ___

AUF CASSETTE ANALOG ___ TONBAND ___ COMPUTER ___ SPEICHERKARTE ___

MP3 ___ WAF ___ _____

    EXTERNES MIKROFON ___

    SCHAUMSTOFFUNTERLAGE ___    ZÄHLWERK _____

    GRUNDGERÄUSCH AUS DEM RADIO ___ FREQUENZ _____ BAND _____

    BRUNNEN ___ GERÄUSCHKONSERVE ___ KEINE GERÄUSCHE ___ _____

ARCHIV CASSETTEN ___ ARCHIV COMPUTER ___

CASSETTEN NR. _____ DATEI _____

WER HAT SICH GEMELDET? _____

INFORMATIONEN, WIE DIMENSION/EBENE _____

GESTELLTE FRAGE _____

_____

_____

ERHALTENE ANTWORT _____

_____

_____

# TONBANDSTIMMEN PROTOKOLL   NR. __

DATUM _____

UHRZEIT _____

AUFNAHMEORT _____

MEIN NAME _____

ANWESENDE _____

_____

AUFNAHMEGERÄT _____

CASSETTEN RECORDER ___ TONBAND ___ DIKTIERGERÄT DIGITAL ___

DIKTIERGERÄT ANALOG ___ COMPUTER ___

AUF CASSETTE ANALOG ___ TONBAND ___ COMPUTER ___ SPEICHERKARTE ___

MP3 ___ WAF ___ _____

    EXTERNES MIKROFON ___

    SCHAUMSTOFFUNTERLAGE ___     ZÄHLWERK _____

    GRUNDGERÄUSCH AUS DEM RADIO ___ FREQUENZ _____ BAND _____

    BRUNNEN ___ GERÄUSCHKONSERVE ___ KEINE GERÄUSCHE ___ _____

ARCHIV CASSETTEN ___ ARCHIV COMPUTER ___

CASSETTEN NR. _____ DATEI _____

WER HAT SICH GEMELDET? _____

INFORMATIONEN, WIE DIMENSION/EBENE _____

GESTELLTE FRAGE _____

_____

_____

ERHALTENE ANTWORT _____

_____

_____

# TONBANDSTIMMEN PROTOKOLL   NR. ___

**DATUM** _____

**UHRZEIT** _____

**AUFNAHMEORT** _____

**MEIN NAME** _____

**ANWESENDE** _____

_____

**AUFNAHMEGERÄT** _____

**CASSETTEN RECORDER** ___ **TONBAND** ___ **DIKTIERGERÄT DIGITAL** ___

**DIKTIERGERÄT ANALOG** ___ **COMPUTER** ___

**AUF CASSETTE ANALOG** ___ **TONBAND** ___ **COMPUTER** ___ **SPEICHERKARTE** ___

**MP3** ___ **WAF** ___ _____

   **EXTERNES MIKROFON** ___

   **SCHAUMSTOFFUNTERLAGE** ___     **ZÄHLWERK** _____

   **GRUNDGERÄUSCH AUS DEM RADIO** ___ **FREQUENZ** _____ **BAND** _____

   **BRUNNEN** ___ **GERÄUSCHKONSERVE** ___ **KEINE GERÄUSCHE** ___ _____

**ARCHIV CASSETTEN** ___ **ARCHIV COMPUTER** ___

**CASSETTEN NR.** _____ **DATEI** _____

**WER HAT SICH GEMELDET?** _____

**INFORMATIONEN, WIE DIMENSION/EBENE** _____

**GESTELLTE FRAGE** _____

_____

_____

**ERHALTENE ANTWORT** _____

_____

_____

# TONBANDSTIMMEN PROTOKOLL   NR. ___

DATUM _____

UHRZEIT _____

AUFNAHMEORT _____

MEIN NAME _____

ANWESENDE _____

_____

AUFNAHMEGERÄT _____

CASSETTEN RECORDER ___ TONBAND ___ DIKTIERGERÄT DIGITAL ___

DIKTIERGERÄT ANALOG ___ COMPUTER ___

AUF CASSETTE ANALOG ___ TONBAND ___ COMPUTER ___ SPEICHERKARTE ___

MP3 ___ WAF ___ _____

    EXTERNES MIKROFON ___

    SCHAUMSTOFFUNTERLAGE ___    ZÄHLWERK _____

    GRUNDGERÄUSCH AUS DEM RADIO ___ FREQUENZ _____ BAND _____

    BRUNNEN ___ GERÄUSCHKONSERVE ___ KEINE GERÄUSCHE ___ _____

ARCHIV CASSETTEN ___ ARCHIV COMPUTER ___

CASSETTEN NR. _____ DATEI _____

WER HAT SICH GEMELDET? _____

INFORMATIONEN, WIE DIMENSION/EBENE _____

GESTELLTE FRAGE _____

_____

_____

ERHALTENE ANTWORT _____

_____

_____

# TONBANDSTIMMEN PROTOKOLL   NR. ___

DATUM _____

UHRZEIT _____

AUFNAHMEORT _____

MEIN NAME _____

ANWESENDE _____

_____

AUFNAHMEGERÄT _____

CASSETTEN RECORDER ___ TONBAND ___ DIKTIERGERÄT DIGITAL ___

DIKTIERGERÄT ANALOG ___ COMPUTER ___

AUF CASSETTE ANALOG ___ TONBAND ___ COMPUTER ___ SPEICHERKARTE ___

MP3 ___ WAF ___ _____

   EXTERNES MIKROFON ___

   SCHAUMSTOFFUNTERLAGE ___     ZÄHLWERK _____

   GRUNDGERÄUSCH AUS DEM RADIO ___ FREQUENZ _____ BAND _____

   BRUNNEN ___ GERÄUSCHKONSERVE ___ KEINE GERÄUSCHE ___ _____

ARCHIV CASSETTEN ___ ARCHIV COMPUTER ___

CASSETTEN NR. _____ DATEI _____

WER HAT SICH GEMELDET? _____

INFORMATIONEN, WIE DIMENSION/EBENE _____

GESTELLTE FRAGE _____

_____

_____

ERHALTENE ANTWORT _____

_____

_____

# TONBANDSTIMMEN PROTOKOLL   NR. __

DATUM _____

UHRZEIT _____

AUFNAHMEORT _____

MEIN NAME _____

ANWESENDE _____

_____

AUFNAHMEGERÄT _____

CASSETTEN RECORDER ___ TONBAND ___ DIKTIERGERÄT DIGITAL ___

DIKTIERGERÄT ANALOG ___ COMPUTER ___

AUF CASSETTE ANALOG ___ TONBAND ___ COMPUTER ___ SPEICHERKARTE ___

MP3 ___ WAF ___ _____

    EXTERNES MIKROFON ___

    SCHAUMSTOFFUNTERLAGE ___    ZÄHLWERK _____

    GRUNDGERÄUSCH AUS DEM RADIO ___ FREQUENZ _____ BAND _____

    BRUNNEN ___ GERÄUSCHKONSERVE ___ KEINE GERÄUSCHE ___ _____

ARCHIV CASSETTEN ___ ARCHIV COMPUTER ___

CASSETTEN NR. _____ DATEI _____

WER HAT SICH GEMELDET? _____

INFORMATIONEN, WIE DIMENSION/EBENE _____

GESTELLTE FRAGE _____

_____

_____

ERHALTENE ANTWORT _____

_____

_____

# TONBANDSTIMMEN PROTOKOLL   NR. __

DATUM _____

UHRZEIT _____

AUFNAHMEORT _____

MEIN NAME _____

ANWESENDE _____

_____

AUFNAHMEGERÄT _____

CASSETTEN RECORDER ___ TONBAND ___ DIKTIERGERÄT DIGITAL ___

DIKTIERGERÄT ANALOG ___ COMPUTER ___

AUF CASSETTE ANALOG ___ TONBAND ___ COMPUTER ___ SPEICHERKARTE ___

MP3 ___ WAF ___ _____

    EXTERNES MIKROFON ___

    SCHAUMSTOFFUNTERLAGE ___    ZÄHLWERK _____

    GRUNDGERÄUSCH AUS DEM RADIO ___ FREQUENZ _____ BAND _____

    BRUNNEN ___ GERÄUSCHKONSERVE ___ KEINE GERÄUSCHE ___ _____

ARCHIV CASSETTEN ___ ARCHIV COMPUTER ___

CASSETTEN NR. _____ DATEI _____

WER HAT SICH GEMELDET? _____

INFORMATIONEN, WIE DIMENSION/EBENE _____

GESTELLTE FRAGE _____

_____

_____

ERHALTENE ANTWORT _____

_____

_____

# TONBANDSTIMMEN PROTOKOLL   NR. __

DATUM _____

UHRZEIT _____

AUFNAHMEORT _____

MEIN NAME _____

ANWESENDE _____

_____

AUFNAHMEGERÄT _____

CASSETTEN RECORDER ___ TONBAND ___ DIKTIERGERÄT DIGITAL ___

DIKTIERGERÄT ANALOG ___ COMPUTER ___

AUF CASSETTE ANALOG ___ TONBAND ___ COMPUTER ___ SPEICHERKARTE ___

MP3 ___ WAF ___ _____

    EXTERNES MIKROFON ___

    SCHAUMSTOFFUNTERLAGE ___     ZÄHLWERK _____

    GRUNDGERÄUSCH AUS DEM RADIO ___ FREQUENZ _____ BAND _____

    BRUNNEN ___ GERÄUSCHKONSERVE ___ KEINE GERÄUSCHE ___ _____

ARCHIV CASSETTEN ___ ARCHIV COMPUTER ___

CASSETTEN NR. _____ DATEI _____

WER HAT SICH GEMELDET? _____

INFORMATIONEN, WIE DIMENSION/EBENE _____

GESTELLTE FRAGE _____

_____

_____

ERHALTENE ANTWORT _____

_____

_____

# TONBANDSTIMMEN PROTOKOLL   NR. __

DATUM _____

UHRZEIT _____

AUFNAHMEORT _____

MEIN NAME _____

ANWESENDE _____

_____

AUFNAHMEGERÄT _____

CASSETTEN RECORDER ___ TONBAND ___ DIKTIERGERÄT DIGITAL ___

DIKTIERGERÄT ANALOG ___ COMPUTER ___

AUF CASSETTE ANALOG ___ TONBAND ___ COMPUTER ___ SPEICHERKARTE ___

MP3 ___ WAF ___ _____

    EXTERNES MIKROFON ___

    SCHAUMSTOFFUNTERLAGE ___    ZÄHLWERK _____

    GRUNDGERÄUSCH AUS DEM RADIO ___ FREQUENZ _____ BAND _____

    BRUNNEN ___ GERÄUSCHKONSERVE ___ KEINE GERÄUSCHE ___ _____

ARCHIV CASSETTEN ___ ARCHIV COMPUTER ___

CASSETTEN NR. _____ DATEI _____

WER HAT SICH GEMELDET? _____

INFORMATIONEN, WIE DIMENSION/EBENE _____

GESTELLTE FRAGE _____

_____

_____

ERHALTENE ANTWORT _____

_____

_____

# TONBANDSTIMMEN PROTOKOLL   NR. __

DATUM _____

UHRZEIT _____

AUFNAHMEORT _____

MEIN NAME _____

ANWESENDE _____

_____

AUFNAHMEGERÄT _____

CASSETTEN RECORDER __ TONBAND __ DIKTIERGERÄT DIGITAL __

DIKTIERGERÄT ANALOG __ COMPUTER __

AUF CASSETTE ANALOG __ TONBAND __ COMPUTER __ SPEICHERKARTE __

MP3 __ WAF __ _____

    EXTERNES MIKROFON __

    SCHAUMSTOFFUNTERLAGE __    ZÄHLWERK _____

    GRUNDGERÄUSCH AUS DEM RADIO __ FREQUENZ _____ BAND _____

    BRUNNEN __ GERÄUSCHKONSERVE __ KEINE GERÄUSCHE __ _____

ARCHIV CASSETTEN __ ARCHIV COMPUTER __

CASSETTEN NR. _____ DATEI _____

WER HAT SICH GEMELDET? _____

INFORMATIONEN, WIE DIMENSION/EBENE _____

GESTELLTE FRAGE _____

_____

_____

ERHALTENE ANTWORT _____

_____

_____

# TONBANDSTIMMEN PROTOKOLL   NR. __

DATUM _____

UHRZEIT _____

AUFNAHMEORT _____

MEIN NAME _____

ANWESENDE _____
_____

AUFNAHMEGERÄT _____

CASSETTEN RECORDER ___ TONBAND ___ DIKTIERGERÄT DIGITAL ___

DIKTIERGERÄT ANALOG ___ COMPUTER ___

AUF CASSETTE ANALOG ___ TONBAND ___ COMPUTER ___ SPEICHERKARTE ___

MP3 ___ WAF ___ _____

EXTERNES MIKROFON ___
SCHAUMSTOFFUNTERLAGE ___           ZÄHLWERK _____

GRUNDGERÄUSCH AUS DEM RADIO ___ FREQUENZ _____ BAND _____

BRUNNEN ___ GERÄUSCHKONSERVE ___ KEINE GERÄUSCHE ___ _____

ARCHIV CASSETTEN ___ ARCHIV COMPUTER ___

CASSETTEN NR. _____ DATEI _____

WER HAT SICH GEMELDET? _____

INFORMATIONEN, WIE DIMENSION/EBENE _____

GESTELLTE FRAGE _____
_____
_____

ERHALTENE ANTWORT _____
_____
_____

# TONBANDSTIMMEN PROTOKOLL NR. \_\_

DATUM _____

UHRZEIT _____

AUFNAHMEORT _____

MEIN NAME _____

ANWESENDE _____

_____

AUFNAHMEGERÄT _____

CASSETTEN RECORDER \_\_ TONBAND \_\_ DIKTIERGERÄT DIGITAL \_\_

DIKTIERGERÄT ANALOG \_\_ COMPUTER \_\_

AUF CASSETTE ANALOG \_\_ TONBAND \_\_ COMPUTER \_\_ SPEICHERKARTE \_\_

MP3 \_\_ WAF \_\_ _____

    EXTERNES MIKROFON \_\_

    SCHAUMSTOFFUNTERLAGE \_\_      ZÄHLWERK _____

    GRUNDGERÄUSCH AUS DEM RADIO \_\_ FREQUENZ _____ BAND _____

    BRUNNEN \_\_ GERÄUSCHKONSERVE \_\_ KEINE GERÄUSCHE \_\_ _____

ARCHIV CASSETTEN \_\_ ARCHIV COMPUTER \_\_

CASSETTEN NR. _____ DATEI _____

WER HAT SICH GEMELDET? _____

INFORMATIONEN, WIE DIMENSION/EBENE _____

GESTELLTE FRAGE _____

_____

_____

ERHALTENE ANTWORT _____

_____

_____

# TONBANDSTIMMEN PROTOKOLL  NR. ___

DATUM _____

UHRZEIT _____

AUFNAHMEORT _____

MEIN NAME _____

ANWESENDE _____

_____

AUFNAHMEGERÄT _____

CASSETTEN RECORDER ___ TONBAND ___ DIKTIERGERÄT DIGITAL ___

DIKTIERGERÄT ANALOG ___ COMPUTER ___

AUF CASSETTE ANALOG ___ TONBAND ___ COMPUTER ___ SPEICHERKARTE ___

MP3 ___ WAF ___ _____

    EXTERNES MIKROFON ___

    SCHAUMSTOFFUNTERLAGE ___    ZÄHLWERK _____

    GRUNDGERÄUSCH AUS DEM RADIO ___ FREQUENZ _____ BAND _____

    BRUNNEN ___ GERÄUSCHKONSERVE ___ KEINE GERÄUSCHE ___ _____

ARCHIV CASSETTEN ___ ARCHIV COMPUTER ___

CASSETTEN NR. _____ DATEI _____

WER HAT SICH GEMELDET? _____

INFORMATIONEN, WIE DIMENSION/EBENE _____

GESTELLTE FRAGE _____

_____

_____

ERHALTENE ANTWORT _____

_____

_____

# TONBANDSTIMMEN PROTOKOLL   NR. ___

DATUM _____

UHRZEIT _____

AUFNAHMEORT _____

MEIN NAME _____

ANWESENDE _____

_____

AUFNAHMEGERÄT _____

CASSETTEN RECORDER ___ TONBAND ___ DIKTIERGERÄT DIGITAL ___

DIKTIERGERÄT ANALOG ___ COMPUTER ___

AUF CASSETTE ANALOG ___ TONBAND ___ COMPUTER ___ SPEICHERKARTE ___

MP3 ___ WAF ___ _____

    EXTERNES MIKROFON ___

    SCHAUMSTOFFUNTERLAGE ___    ZÄHLWERK _____

    GRUNDGERÄUSCH AUS DEM RADIO ___ FREQUENZ _____ BAND _____

    BRUNNEN ___ GERÄUSCHKONSERVE ___ KEINE GERÄUSCHE ___ _____

ARCHIV CASSETTEN ___ ARCHIV COMPUTER ___

CASSETTEN NR. _____ DATEI _____

WER HAT SICH GEMELDET? _____

INFORMATIONEN, WIE DIMENSION/EBENE _____

GESTELLTE FRAGE _____

_____

_____

ERHALTENE ANTWORT _____

_____

_____

# TONBANDSTIMMEN PROTOKOLL   NR. __

DATUM _____

UHRZEIT _____

AUFNAHMEORT _____

MEIN NAME _____

ANWESENDE _____

_____

AUFNAHMEGERÄT _____

CASSETTEN RECORDER ___ TONBAND ___ DIKTIERGERÄT DIGITAL ___

DIKTIERGERÄT ANALOG ___ COMPUTER ___

AUF CASSETTE ANALOG ___ TONBAND ___ COMPUTER ___ SPEICHERKARTE ___

MP3 ___ WAF ___ _____

EXTERNES MIKROFON ___
SCHAUMSTOFFUNTERLAGE ___          ZÄHLWERK _____

GRUNDGERÄUSCH AUS DEM RADIO ___ FREQUENZ _____ BAND _____

BRUNNEN ___ GERÄUSCHKONSERVE ___ KEINE GERÄUSCHE ___ _____

ARCHIV CASSETTEN ___ ARCHIV COMPUTER ___

CASSETTEN NR. _____ DATEI _____

WER HAT SICH GEMELDET? _____

INFORMATIONEN, WIE DIMENSION/EBENE _____

GESTELLTE FRAGE _____

_____

_____

ERHALTENE ANTWORT _____

_____

_____

# TONBANDSTIMMEN PROTOKOLL   NR. __

DATUM _____

UHRZEIT _____

AUFNAHMEORT _____

MEIN NAME _____

ANWESENDE _____

_____

AUFNAHMEGERÄT _____

CASSETTEN RECORDER ___ TONBAND ___ DIKTIERGERÄT DIGITAL ___

DIKTIERGERÄT ANALOG ___ COMPUTER ___

AUF CASSETTE ANALOG ___ TONBAND ___ COMPUTER ___ SPEICHERKARTE ___

MP3 ___ WAF ___ _____

    EXTERNES MIKROFON ___

    SCHAUMSTOFFUNTERLAGE ___    ZÄHLWERK _____

    GRUNDGERÄUSCH AUS DEM RADIO ___ FREQUENZ _____ BAND _____

    BRUNNEN ___ GERÄUSCHKONSERVE ___ KEINE GERÄUSCHE ___ _____

ARCHIV CASSETTEN ___ ARCHIV COMPUTER ___

CASSETTEN NR. _____ DATEI _____

WER HAT SICH GEMELDET? _____

INFORMATIONEN, WIE DIMENSION/EBENE _____

GESTELLTE FRAGE _____

_____

_____

ERHALTENE ANTWORT _____

_____

_____

# TONBANDSTIMMEN PROTOKOLL   NR. __

DATUM _____

UHRZEIT _____

AUFNAHMEORT _____

MEIN NAME _____

ANWESENDE _____

_____

AUFNAHMEGERÄT _____

CASSETTEN RECORDER ___ TONBAND ___ DIKTIERGERÄT DIGITAL ___

DIKTIERGERÄT ANALOG ___ COMPUTER ___

AUF CASSETTE ANALOG ___ TONBAND ___ COMPUTER ___ SPEICHERKARTE ___

MP3 ___ WAF ___ _____

    EXTERNES MIKROFON ___

    SCHAUMSTOFFUNTERLAGE ___    ZÄHLWERK _____

    GRUNDGERÄUSCH AUS DEM RADIO ___ FREQUENZ _____ BAND _____

    BRUNNEN ___ GERÄUSCHKONSERVE ___ KEINE GERÄUSCHE ___ _____

ARCHIV CASSETTEN ___ ARCHIV COMPUTER ___

CASSETTEN NR. _____ DATEI _____

WER HAT SICH GEMELDET? _____

INFORMATIONEN, WIE DIMENSION/EBENE _____

GESTELLTE FRAGE _____

_____

_____

ERHALTENE ANTWORT _____

_____

_____

# TONBANDSTIMMEN PROTOKOLL   NR. __

DATUM _____

UHRZEIT _____

AUFNAHMEORT _____

MEIN NAME _____

ANWESENDE _____

_____

AUFNAHMEGERÄT _____

CASSETTEN RECORDER ___ TONBAND ___ DIKTIERGERÄT DIGITAL ___

DIKTIERGERÄT ANALOG ___ COMPUTER ___

AUF CASSETTE ANALOG ___ TONBAND ___ COMPUTER ___ SPEICHERKARTE ___

MP3 ___ WAF ___ _____

    EXTERNES MIKROFON ___

    SCHAUMSTOFFUNTERLAGE ___    ZÄHLWERK _____

    GRUNDGERÄUSCH AUS DEM RADIO ___ FREQUENZ _____ BAND _____

    BRUNNEN ___ GERÄUSCHKONSERVE ___ KEINE GERÄUSCHE ___ _____

ARCHIV CASSETTEN ___ ARCHIV COMPUTER ___

CASSETTEN NR. _____ DATEI _____

WER HAT SICH GEMELDET? _____

INFORMATIONEN, WIE DIMENSION/EBENE _____

GESTELLTE FRAGE _____

_____

_____

ERHALTENE ANTWORT _____

_____

_____

# TONBANDSTIMMEN PROTOKOLL NR. __

DATUM _____

UHRZEIT _____

AUFNAHMEORT _____

MEIN NAME _____

ANWESENDE _____

_____

AUFNAHMEGERÄT _____

CASSETTEN RECORDER ___ TONBAND ___ DIKTIERGERÄT DIGITAL ___

DIKTIERGERÄT ANALOG ___ COMPUTER ___

AUF CASSETTE ANALOG ___ TONBAND ___ COMPUTER ___ SPEICHERKARTE ___

MP3 ___ WAF ___ _____

EXTERNES MIKROFON ___

SCHAUMSTOFFUNTERLAGE ___          ZÄHLWERK _____

GRUNDGERÄUSCH AUS DEM RADIO ___ FREQUENZ _____ BAND _____

BRUNNEN ___ GERÄUSCHKONSERVE ___ KEINE GERÄUSCHE ___ _____

ARCHIV CASSETTEN ___ ARCHIV COMPUTER ___

CASSETTEN NR. _____ DATEI _____

WER HAT SICH GEMELDET? _____

INFORMATIONEN, WIE DIMENSION/EBENE _____

GESTELLTE FRAGE _____

_____

_____

ERHALTENE ANTWORT _____

_____

_____

# TONBANDSTIMMEN PROTOKOLL   NR. __

DATUM _____

UHRZEIT _____

AUFNAHMEORT _____

MEIN NAME _____

ANWESENDE _____

_____

AUFNAHMEGERÄT _____

CASSETTEN RECORDER __ TONBAND __ DIKTIERGERÄT DIGITAL __

DIKTIERGERÄT ANALOG __ COMPUTER __

AUF CASSETTE ANALOG __ TONBAND __ COMPUTER __ SPEICHERKARTE __

MP3 __ WAF __ _____

    EXTERNES MIKROFON __

    SCHAUMSTOFFUNTERLAGE __    ZÄHLWERK _____

    GRUNDGERÄUSCH AUS DEM RADIO __ FREQUENZ _____ BAND _____

    BRUNNEN __ GERÄUSCHKONSERVE __ KEINE GERÄUSCHE __ _____

ARCHIV CASSETTEN __ ARCHIV COMPUTER __

CASSETTEN NR. _____ DATEI _____

WER HAT SICH GEMELDET? _____

INFORMATIONEN, WIE DIMENSION/EBENE _____

GESTELLTE FRAGE _____

_____

_____

ERHALTENE ANTWORT _____

_____

_____

# TONBANDSTIMMEN PROTOKOLL  NR. ___

DATUM _____

UHRZEIT _____

AUFNAHMEORT _____

MEIN NAME _____

ANWESENDE _____

_____

AUFNAHMEGERÄT _____

CASSETTEN RECORDER ___ TONBAND ___ DIKTIERGERÄT DIGITAL ___
DIKTIERGERÄT ANALOG ___ COMPUTER ___

AUF CASSETTE ANALOG ___ TONBAND ___ COMPUTER ___ SPEICHERKARTE ___

MP3 ___ WAF ___ _____

    EXTERNES MIKROFON ___

    SCHAUMSTOFFUNTERLAGE ___    ZÄHLWERK _____

    GRUNDGERÄUSCH AUS DEM RADIO ___ FREQUENZ _____ BAND _____

    BRUNNEN ___ GERÄUSCHKONSERVE ___ KEINE GERÄUSCHE ___ _____

ARCHIV CASSETTEN ___ ARCHIV COMPUTER ___

CASSETTEN NR. _____ DATEI _____

WER HAT SICH GEMELDET? _____

INFORMATIONEN, WIE DIMENSION/EBENE _____

GESTELLTE FRAGE _____

_____

_____

ERHALTENE ANTWORT _____

_____

_____

# TONBANDSTIMMEN PROTOKOLL   NR. __

**DATUM** _____

**UHRZEIT** _____

**AUFNAHMEORT** _____

**MEIN NAME** _____

**ANWESENDE** _____

_____

**AUFNAHMEGERÄT** _____

**CASSETTEN RECORDER __ TONBAND __ DIKTIERGERÄT DIGITAL __**

**DIKTIERGERÄT ANALOG __ COMPUTER __**

**AUF CASSETTE ANALOG __ TONBAND __ COMPUTER __ SPEICHERKARTE __**

**MP3 __ WAF __** _____

    **EXTERNES MIKROFON __**

    **SCHAUMSTOFFUNTERLAGE __**     **ZÄHLWERK** _____

    **GRUNDGERÄUSCH AUS DEM RADIO __ FREQUENZ _____ BAND _____**

    **BRUNNEN __ GERÄUSCHKONSERVE __ KEINE GERÄUSCHE __** _____

**ARCHIV CASSETTEN __ ARCHIV COMPUTER __**

**CASSETTEN NR.** _____ **DATEI** _____

**WER HAT SICH GEMELDET?** _____

**INFORMATIONEN, WIE DIMENSION/EBENE** _____

**GESTELLTE FRAGE** _____

_____

_____

**ERHALTENE ANTWORT** _____

_____

_____

**Erste Tonbandaufnahmen enstanden mit einem der weltersten PHILIPS-Recorder EL 3300 mit Mikrofon. Damals lebte Opa noch. Das war 1972. Heute sind über 150 Cassetten Recorder (von Philips bis Nakamichi), Funkmikrofone, Mikrofone, CD-Recorder und über 5000 Compact Cassetten in der Sammlung. In den 1980°er Jahren begann das Nachrichtentechnik-Studium. In den 1990°ern ging es dann zu einem Fernsehsender. Heute sind alle Fragen beantwortet. Die Technik belegt immer noch ein ganzes Zimmer... oder zwei... oder drei... übrigens, auch über Funk gab es Paranormale Phänomene... das ist aber eine andere Geschichte!**

chüler Uwe Sültz steuerte erfolgreich das Fachabitur an

## wurde dann „gebüffelt"

Uwe H. Sültz ist von Anfang an dabei. Bereits als Kind machte er mit dem EL 3300 erste Tonaufnahmen. Dann die Ausbildungen und das Sammeln, sowie das Restaurieren. Heute ist eine einzigartige Sammlung zusammengetragen, die einmal dem PHILIPS-Museum übergeben wird.

**Danke für Ihr Interesse, sagen**

*Dr. Jutta Sültz*     *Renate Sültz*     **Uwe H. Sültz**